Der Streik der Böttcherei-Arbeiter in einem kleinen algerischen Betrieb hat keinen Erfolg gebracht. Für «ein schönes Handwerk ohne Verwendung» ist die Gewerkschaft nicht auf die Barrikaden gegangen. Auf seinem Weg zur Arbeit schaut Yvars das Meer nicht mehr gerne an: Er fühlt sich alt, ohne Hoffnung. Nur stumm können er und seine Arbeitskollegen ihrer Wut Ausdruck geben.

In Algerien ist es unruhig. Manches deutet darauf hin, daß die Araber einen Aufstand vorbereiten. Daru, Lehrer in einer Dorfschule des Hochlandes, soll einen arabischen Gefangenen in die Stadt bringen. Er sträubt sich. Würden die Franzosen angegriffen, so würde er wohl auf ihrer Seite kämpfen. Aber Polizeidienste leisten? Muß er nicht vielmehr versuchen, seinem Gefangenen, seinem Gast, den Weg in die Freiheit zu öffnen?

Zwei Meistererzählungen des Dichters, Philosophen und politischen Essayisten Albert Camus (1913–1960) in französisch-deutschem Paralleldruck.

dtv zweisprachig · Edition Langewiesche-Brandt

Albert Camus

Les Muets. L'Hôte. *Nouvelles*

Die Stummen. Der Gast. *Erzählungen*

dtv

Deutscher Taschenbuch Verlag

Autorisierte Übersetzung: Guido G. Meister

Deutscher Taschenbuch Verlag GmbH & Co. KG, München
28.–31. Tausend März 1984

Umschlagentwurf: Celestino Piatti
Gesamtherstellung: Kösel, Kempten
ISBN 3-423-09105-3. Printed in Germany

Les Muets

On était au plein de l'hiver et cependant une journée radieuse se levait sur la ville déjà active. Au bout de la jetée, la mer et le ciel se confondaient dans un même éclat. Yvars, pourtant, ne les voyait pas. Il roulait lourdement le long des boulevards qui dominent le port. Sur la pédale fixe de la bicyclette, sa jambe infirme reposait, immobile, tandis que l'autre peinait pour vaincre les pavés encore mouillés de l'humidité nocturne. Sans relever la tête, tout menu sur sa selle, il évitait les rails de l'ancien tramway, il se rangeait d'un coup de guidon brusque pour laisser passer les automobiles qui le doublaient et, de temps en temps, il renvoyait du coude, sur ses reins, la musette où Fernande avait placé son déjeuner. Il pensait alors avec amertume au contenu de la musette. Entre les deux tranches de gros pain, au lieu de l'omelette à l'espagnole qu'il aimait, ou du bifteck frit dans l'huile, il avait seulement du fromage.

Le chemin de l'atelier ne lui avait jamais paru aussi long. Il vieillissait, aussi. A quarante ans, et bien qu'il fût resté sec comme un sarment de vigne, les muscles ne se réchauffent pas aussi vite. Parfois, en lisant des comptes rendus sportifs où l'on appelait vétéran un athlète de trente ans, il haussait les épaules. «Si c'est un vétéran, disait-il

Die Stummen

Es war mitten im Winter, doch brach über der bereits geschäftigen Stadt ein strahlender Tag an. Hinter der Mole verschwammen Meer und Himmel in einem einzigen Glanz. Yvars indessen sah nichts davon. Mühsam radelte er die den Hafen überblickenden Boulevards entlang. Sein verkrüppeltes Bein ruhte steif auf dem unbeweglichen Pedal des Fahrrads, während das gesunde sich abmühte das von der nächtlichen Feuchtigkeit noch nasse Pflaster zu meistern. Schmächtig sah er aus auf seinem Rad; ohne den Kopf zu heben, vermied er die Schienen der ehemaligen Straßenbahn, wich mit einer ruckartigen Bewegung der Lenkstange zur Seite, um die ihn überholenden Autos durchzulassen, und schob von Zeit zu Zeit mit dem Ellenbogen den am Rücken baumelnden Brotsack zurecht, in den Fernande sein Mittagessen gepackt hatte. Dann dachte er jedesmal voll Bitterkeit an seinen Inhalt. Zwischen den beiden Scheiben derben Brotes hatte er nicht etwa einen spanischen Eierkuchen, der ihm so gut schmeckte, und auch kein in Öl gebratenes Beefsteak, sondern bloß ein Stück Käse.

Der Weg zur Arbeit war ihm noch nie so lang vorgekommen. Alt wurde er auch. Mit vierzig Jahren werden die Muskeln nicht mehr so schnell warm, obwohl er hager geblieben war wie ein Rebstock. Wenn er hin und wieder die Sportberichte las, in denen ein Wettkämpfer von dreißig Jahren als Veteran bezeichnet wurde, zuckte er die Achseln. «Wenn das ein Veteran ist», sagte er dann zu

à Fernande, alors, moi, je suis déjà aux allongés.» Pourtant, il savait que le journaliste n'avait pas tout à fait tort. A trente ans, le souffle fléchit déjà, imperceptiblement. A quarante, on n'est pas aux allongés, non, mais on s'y prépare, de loin, avec un peu d'avance. N'était-ce pas pour cela que depuis longtemps il ne regardait plus la mer, pendant le trajet qui le menait à l'autre bout de la ville où se trouvait la tonnellerie? Quand il avait vingt ans, il ne pouvait se lasser de la contempler; elle lui promettait une fin de semaine heureuse, à la plage. Malgré ou à cause de sa boiterie, il avait toujours aimé la nage. Puis les années avaient passé, il y avait eu Fernande, la naissance du garçon, et, pour vivre, les heures supplémentaires, à la tonnellerie le samedi, le dimanche chez des particuliers où il bricolait. Il avait perdu peu à peu l'habitude de ces journées violentes qui le rassasiaient. L'eau profonde et claire, le fort soleil, les filles, la vie du corps, il n'y avait pas d'autre bonheur dans son pays. Et ce bonheur passait avec la jeunesse. Yvars continuait d'aimer la mer, mais seulement à la fin du jour quand les eaux de la baie fonçaient un peu. L'heure était douce sur la terrasse de sa maison où il s'asseyait après le travail, content de sa chemise propre que Fernande savait si bien repasser, et du verre d'anisette couvert de buée. Le soir tombait, une douceur brève

Fernande, «gehöre ich bereits zu den Flachgelegten.» Indessen wußte er, daß die Journalisten nicht ganz unrecht hatten. Mit dreißig Jahren wird der Atem schon unmerklich kürzer. Mit vierzig gehört man noch nicht zu den Flachgelegten, nein, aber man bereitet sich von ferne und eine Spur vorzeitig darauf vor. War nicht dies der Grund, warum er schon seit langem auf der Fahrt, die ihn ans andere Ende der Stadt in die Böttcherei brachte, das Meer nicht mehr anschaute? Als er zwanzig war, wurde er nicht müde, es zu betrachten; es verhieß ihm ein glückliches Wochenende am Strand. Trotz oder wegen seines Hinkens hatte er das Schwimmen immer geliebt.

Dann waren die Jahre vergangen. Fernande war gekommen, die Geburt des Jungen, und für das tägliche Brot die Überstunden, am Samstag in der Böttcherei, am Sonntag bei Privatleuten, wo er dies und jenes bastelte. Nach und nach hatte er sich diese leidenschaftlichen, ihn ganz erfüllenden Tage abgewöhnt. Das tiefe, klare Wasser, die kraftvolle Sonne, die Mädchen, das Leben des Körpers – in seiner Heimat gab es kein anderes Glück. Und dieses Glück verging mit dem Jungsein. Yvars liebte das Meer immer noch, aber erst gegen Abend, wenn das Wasser in der Bucht dunkelte. Dann war es schön auf der Terrasse seines Hauses, auf die er sich nach Feierabend setzte, zufrieden mit dem reinen Hemd, das Fernande so gut zu bügeln verstand, und mit dem kühl beschlagenen Glas Anisette. Die Dämmerung senkte sich herab, eine kurze Lieblichkeit überflog den Himmel,

s'installait dans le ciel, les voisins qui parlaient avec Yvars baissaient soudain la voix. Il ne savait pas alors s'il était heureux, ou s'il avait envie de pleurer. Du moins, il était d'accord dans ces moments-là, il n'avait rien à faire qu'à attendre, doucement, sans trop savoir quoi.

Les matins où il regagnait son travail, au contraire, il n'aimait plus regarder la mer, toujours fidèle au rendez-vous, mais qu'il ne reverrait qu'au soir. Ce matin-là, il roulait, la tête baissée, plus pesamment encore que d'habitude: le cœur aussi était lourd. Quand il était rentré de la réunion, la veille au soir, et qu'il avait annoncé qu'on reprenait le travail: «Alors, avait dit Fernande joyeuse, le patron vous augmente?» Le patron n'augmentait rien du tout, la grève avait échoué. Ils n'avaient pas bien manœuvré, on devait le reconnaître. Une grève de colère, et le syndicat avait eu raison de suivre mollement. Une quinzaine d'ouvriers, d'ailleurs, ce n'était pas grand-chose; le syndicat tenait compte des autres tonnelleries qui n'avaient pas marché. On ne pouvait pas trop leur en vouloir. La tonnellerie, menacée par la construction des bateaux et des camions-citernes, n'allait pas fort. On faisait de moins en moins de barils et de bordelaises; on réparait sur-
10 tout les grands foudres qui existaient déjà. Les
11 patrons voyaient leurs affaires compromises, c'était

die Nachbarn, die mit Yvars plauderten, dämpften plötzlich ihre Stimmen. Dann wußte er nicht, ob er glücklich war oder ob er Lust hatte, zu weinen. In diesen Augenblikken wenigstens fühlte er sich mit sich und der Welt im Einklang, er hatte nichts anderes zu tun, als zu warten, ganz still, ohne recht zu wissen, worauf.

Am Morgen dagegen, wenn er zur Arbeit fuhr, schaute er das Meer nicht mehr gerne an; es war zwar immer getreulich zur Stelle, aber er wollte es erst abends wieder sehen. An jenem Morgen fuhr er mit gesenktem Kopf und noch schwerfälliger als sonst: auch das Herz war ihm schwer. Als er am Vorabend von der Versammlung nach Hause gekommen war und mitgeteilt hatte, die Arbeit werde wiederaufgenommen, hatte Fernande freudig gefragt: «Der Boß gewährt euch also die Aufbesserung?» Der Boß gewährte gar nichts, der Streik war gescheitert. Sie waren allerdings auch nicht geschickt vorgegangen, das mußte man zugeben. Ein aus Zorn geborener Streik, und die Gewerkschaft hatte sich mit Recht nicht energisch hinter sie gestellt. Fünfzehn Arbeiter waren im übrigen nicht gerade eine überwältigende Zahl; die Gewerkschaft trug den anderen Böttchereien Rechnung, die nicht mitgezogen hatten. Man durfte ihnen nicht allzu böse sein. Das ganze Böttchergewerbe war durch den Bau von Tankschiffen und Kesselwagen in seinem Bestand bedroht. Es wurden immer weniger kleine und mittelgroße Fässer hergestellt; man besserte hauptsächlich die schon vorhandenen großen Fuderfässer aus. Die Inhaber machten schlechte

vrai, mais ils voulaient quand même préserver une marge de bénéfices; le plus simple leur paraissait encore de freiner les salaires, malgré la montée des prix. Que peuvent faire des tonneliers quand la tonnellerie disparaît? On ne change pas de métier quand on a pris la peine d'en apprendre un; celui-là était difficile, il demandait un long apprentissage. Le bon tonnelier, celui qui ajuste ses douelles courbes, les resserre au feu et au cercle de fer, presque hermétiquement, sans utiliser le rafia ou l'étoupe, était rare. Yvars le savait et il en était fier. Changer de métier n'est rien, mais renoncer à ce qu'on sait, à sa propre maîtrise, n'est pas facile. Un beau métier sans emploi, on était coincé, il fallait se résigner. Mais la résignation non plus n'est pas facile. Il était difficile d'avoir la bouche fermée, de ne pas pouvoir vraiment discuter et de reprendre la même route, tous les matins, avec une fatigue qui s'accumule, pour recevoir, à la fin de la semaine, seulement ce qu'on veut bien vous donner, et qui suffit de moins en moins.

Alors, ils s'étaient mis en colère. Il y en avait deux ou trois qui hésitaient, mais la colère les avait gagnés aussi après les premières discussions avec le patron. Il avait dit en effet, tout sec, que c'était à prendre ou à laisser. Un homme ne parle
12 pas ainsi. «Qu'est-ce qu'il croit! avait dit Esposito,
13 qu'on va baisser le pantalon?» Le patron n'était

Geschäfte, das stimmte, aber sie wollten trotzdem eine Gewinnmarge bewahren; am einfachsten schien ihnen noch immer, die Löhne ungeachtet der steigenden Preise niedrig zu halten. Was können Böttcher schon anfangen, wenn die Böttcherei ausstirbt? Man wechselt nicht sein Handwerk, wenn man sich die Mühe genommen hat, eines zu erlernen, und das ihre war schwierig und erforderte eine lange Lehrzeit. Ein wirklich guter Böttcher, der es verstand, seine gebogenen Faßdauben genau abzurichten und sie mit Feuer und Stahlreifen beinahe hermetisch zusammenzufügen, ohne Bast oder Werg zu gebrauchen, war eine Seltenheit. Yvars wußte es und war stolz auf seine Kunst. Den Beruf zu wechseln, ist eine Kleinigkeit, aber auf das, was man kann, auf seine eigene Meisterschaft zu verzichten, ist nicht leicht. Ein schönes Handwerk ohne Verwendung, da gab es keine Wahl, man mußte sich fügen. Aber auch das Sich-Fügen ist nicht leicht. Es fiel schwer, den Mund zu halten, nicht wirklich verhandeln zu können, jeden Morgen den gleichen Weg unter die Füße zu nehmen und die Müdigkeit in sich wachsen zu spüren, um am Ende der Woche doch nur zu bekommen, was man einem gnädigst geben wollte und was immer weniger genügte.

Da waren sie zornig geworden. Zwei oder drei zögerten wohl, aber nach den ersten Unterhandlungen hatte der Zorn auch sie gepackt, denn der Boß hatte kurz und bündig erklärt, wer nicht wolle, der habe gehabt. So darf ein Mann nicht reden. «Was glaubt er eigentlich?» hatte Esposito gesagt. «Daß wir die Hosen runterlassen, klein beigeben?»

pas un mauvais bougre, d'ailleurs. Il avait pris la succession du père, avait grandi dans l'atelier et connaissait depuis des années presque tous les ouvriers. Il les invitait parfois à des casse-croûtes, dans la tonnellerie; on faisait griller des sardines ou du boudin sur des feux de copeaux et, le vin aidant, il était vraiment très gentil. A la nouvelle année, il donnait toujours cinq bouteilles de vin fin à chacun des ouvriers, et souvent, quand il y avait parmi eux un malade ou simplement un événement, mariage ou communion, il leur faisait un cadeau d'argent. A la naissance de sa fille, il y avait eu des dragées pour tout le monde. Deux ou trois fois, il avait invité Yvars à chasser dans sa propriété du littoral. Il aimait bien ses ouvriers, sans doute, et il rappelait souvent que son père avait débuté comme apprenti. Mais il n'était jamais allé chez eux, il ne se rendait pas compte. Il ne pensait qu'à lui, parce qu'il ne connaissait que lui, et maintenant c'était à prendre ou à laisser. Autrement dit, il s'était buté à son tour. Mais, lui, il pouvait se le permettre.

Ils avaient forcé la main au syndicat, l'atelier avait fermé ses portes. «Ne vous fatiguez pas pour les piquets de grève, avait dit le patron. Quand l'atelier ne travaille pas, je fais des économies.»
14 Ce n'était pas vrai, mais ça n'avait pas arrangé
15 les choses puisqu'il leur disait en pleine figure qu'il

Der Boß war im übrigen kein schlechter Kerl. Er hatte das Geschäft von seinem Vater geerbt, war in der Werkstatt aufgewachsen und kannte beinahe alle Arbeiter seit Jahren. Hin und wieder lud er sie zu einem Imbiß in der Böttcherei ein; da briet man dann Sardinen oder Blutwürste über einem Spanfeuer, und wenn der Wein seine Wirkung tat, war der Boß wirklich sehr nett. Zu Neujahr schenkte er immer jedem seiner Arbeiter fünf gute Flaschen Wein, und wenn einer krank war oder irgendein Familienfest gefeiert wurde, eine Hochzeit oder eine Erstkommunion, machte er oft ein Geldgeschenk. Als sein Töchterchen zur Welt kam, wurden getreu dem Brauch Zuckermandeln verteilt. Zwei- oder dreimal hatte er Yvars zur Jagd auf seinen Besitz an der Küste eingeladen. Zweifellos hatte er seine Arbeiter gern, und er rief ihnen oft in Erinnerung, daß sein Vater als Lehrling angefangen hatte. Aber er hatte sie nie zu Hause aufgesucht, er hatte keine Ahnung. Er dachte nur an sich, weil er nur sich kannte, und jetzt hieß es, wer nicht will, der hat gehabt. Anders gesagt: er hatte sich seinerseits vertrotzt. Er jedoch konnte es sich leisten.

Sie hatten die Gewerkschaft zum Handeln gezwungen, das Unternehmen hatte seine Tore geschlossen. «Macht euch keine Mühe mit Streikposten», hatte der Boß gesagt. «Wenn die Böttcherei stilliegt, mache ich Ersparnisse.» Das stimmte nicht, aber die Bemerkung hatte die Sache nicht in Ordnung gebracht, denn damit bedeutete er ihnen ja ohne Umschweife, daß er ihnen aus lauter Barmherzigkeit

les faisait travailler par charité. Esposito était fou de rage et lui avait dit qu'il n'était pas un homme. L'autre avait le sang chaud et il fallut les séparer. Mais, en même temps, les ouvriers avaient été impressionnés. Vingt jours de grève, les femmes tristes à la maison, deux ou trois d'entre eux découragés, et pour finir, le syndicat avait conseillé de céder, sur la promesse d'un arbitrage et d'une récupération des journées de grève par des heures supplémentaires. Ils avaient décidé la reprise du travail. En crânant, bien sûr, en disant que ce n'était pas cuit, que c'était à revoir. Mais ce matin, une fatigue qui ressemblait au poids de la défaite, le fromage au lieu de la viande, et l'illusion n'était plus possible. Le soleil avait beau briller, la mer ne promettait plus rien. Yvars appuyait sur son unique pédale et, à chaque tour de roue, il lui semblait vieillir un peu plus. Il ne pouvait penser à l'atelier, aux camarades et au patron qu'il allait retrouver, sans que son cœur s'alourdît un peu plus. Fernande s'était inquiétée: «Qu'est-ce que vous allez lui dire? – Rien.» Yvars avait enfourché sa bicyclette, et secouait la tête. Il serrait les dents; son petit visage brun et ridé, aux traits fins, s'était fermé. «On travaille. Ça suffit.» Maintenant il roulait, les dents toujours serrées, avec une colère
16 triste et sèche qui assombrissait jusqu'au ciel lui-
17 même.

Arbeit gewährte. Esposito war außer sich geraten und hatte ihm gesagt, er sei kein Mann. Der andere war genauso hitzig, und man hatte die beiden trennen müssen. Aber gleichzeitig hatte es den Arbeitern doch Eindruck gemacht. Zwanzig Tage Ausstand, die Frauen zu Hause von Sorgen bedrückt, zwei oder drei unter den Arbeitern entmutigt, und schließlich hatte die Gewerkschaft geraten, nachzugeben, nachdem ein Schiedsgericht und ein Nachholen der Streiktage durch Überstunden versprochen worden war. Da hatten sie beschlossen, die Arbeit wiederaufzunehmen. Mit großen Sprüchen natürlich: damit sei die Sache keineswegs erledigt, man werde es nicht dabei bewenden lassen. Aber an diesem Morgen eine Müdigkeit, die der Last der Niederlage glich, der Käse an Stelle des Fleisches – es war keine Illusion mehr möglich. Da mochte die Sonne noch so scheinen, das Meer verhieß nichts mehr. Yvars trat auf sein einziges Pedal, und bei jeder Umdrehung des Rades schien ihm, er werde ein bißchen älter. Er vermochte nicht an die Werkstatt, an die Kameraden und an den Boß zu denken, dem er nun wieder entgegentreten mußte, ohne daß ihm das Herz noch schwerer wurde. Fernande hatte besorgt gefragt: «Was werdet ihr ihm sagen?» – «Nichts.» Yvars hatte sein Rad bestiegen und den Kopf geschüttelt. Er hatte die Zähne zusammengebissen, sein feingeschnittenes Gesicht, schmal, braun, runzlig, hatte sich verschlossen. «Wir arbeiten. Das genügt.» Jetzt fuhr er zur Arbeit, immer noch mit zusammengebissenen Zähnen und einer traurigen, spröden Wut, die selbst den Himmel verdüsterte.

Il quitta le boulevard, et la mer, s'engagea dans les rues humides du vieux quartier espagnol. Elles débouchaient dans une zone occupée seulement par des remises, des dépôts de ferraille et des garages, où s'élevait l'atelier: une sorte de hangar, maçonné jusqu'à mi-hauteur, vitré ensuite jusqu'au toit de tôle ondulée.

Cet atelier donnait sur l'ancienne tonnellerie, une cour encadrée de vieux préaux, qu'on avait abandonnée lorsque l'entreprise s'était agrandie et qui n'était plus maintenant qu'un dépôt de machines usagées et de vieilles futailles. Au-delà de la cour, séparé d'elle par une sorte de chemin couvert en vieilles tuiles commençait le jardin du patron au bout duquel s'élevait la maison. Grande et laide, elle était avenante, cependant, à cause de sa vigne vierge et du maigre chèvrefeuille qui entourait l'escalier extérieur.

Yvars vit tout de suite que les portes de l'atelier étaient fermées. Un groupe d'ouvriers se tenait en silence devant elles. Depuis qu'il travaillait ici, c'était la première fois qu'il trouvait les portes fermées en arrivant. Le patron avait voulu marquer le coup. Yvars se dirigea vers la gauche, rangea sa bicyclette sous l'appentis qui prolongeait le hangar de ce côté et marcha vers la porte. Il
18 reconnut de loin Esposito, un grand gaillard brun
19 et poilu qui travaillait à côté de lui, Marcou, le

Er verließ den Boulevard und das Meer und gelangte in die feuchten Gassen des alten spanischen Viertels. Sie mündeten in eine Gegend, in der sich einzig Schuppen, Alteisenlager und Garagen befanden und wo auch die Werkstätte lag: eine Art Hangar mit Mauern bis auf halbe Höhe, dann eingeglast bis zum Wellblechdach. Diese Werkstatt schloß sich an die ehemalige Böttcherei an, einen von alten Vordächern umgebenen Hof, aus dem man ausgezogen war, als das Unternehmen sich vergrößerte, und in dem man jetzt bloß noch ausgediente Maschinen und nicht mehr verwendbare Fässer unterbrachte. Jenseits dieses Hofes und durch einen mit alten Ziegeln überdachten Durchgang mit ihm verbunden, begann der Garten des Besitzers, und am Ende dieses Gartens stand das Wohnhaus. Es war groß und häßlich, hatte aber dank dem wilden Wein, der es überwuchs, und dem dürftigen Geißblatt, das sich um die Außentreppe rankte, trotzdem etwas Ansprechendes.

Yvars bemerkte sofort, daß das Tor der Werkstatt geschlossen war. Eine Gruppe von Arbeitern stand schweigend davor. Seit er hier arbeitete, war es das erste Mal, daß er bei seiner Ankunft die Türen verschlossen fand. Der Boß wollte ihnen den Meister zeigen. Yvars fuhr links hinüber, stellte sein Rad unter dem Vordach ein, das auf dieser Seite an den Hangar angebaut war, und schritt dem Tor zu. Von weitem schon erkannte er Esposito, seinen Nebenmann in der Werkstatt, einen großgewachsenen, dunkelhäutigen Burschen mit üppigem Haarwuchs; Mar-

délégué syndical, avec sa tête de ténorino, Saïd, le seul Arabe de l'atelier, puis tous les autres qui, en silence, le regardaient venir. Mais avant qu'il les eût rejoints, ils se retournèrent soudain vers les portes de l'atelier qui venaient de s'entrouvrir. Ballester, le contremaître, apparaissait dans l'embrasure. Il ouvrait l'une des lourdes portes et, tournant alors le dos aux ouvriers, la poussait lentement sur son rail de fonte.

Ballester, qui était le plus vieux de tous, désapprouvait la grève, mais s'était tu à partir du moment où Esposito lui avait dit qu'il servait les intérêts du patron. Maintenant, il se tenait près de la porte, large et court dans son tricot bleu marine, déjà pieds nus (avec Saïd, il était le seul qui travaillât pieds nus) et il les regardait entrer un à un, de ses yeux tellement clairs qu'ils paraissaient sans couleur dans son vieux visage basané, la bouche triste sous la moustache épaisse et tombante. Eux se taisaient, humiliés de cette entrée de vaincus, furieux de leur propre silence, mais de moins en moins capables de le rompre à mesure qu'il se prolongeait. Ils passaient, sans regarder Ballester dont ils savaient qu'il exécutait un ordre en les faisant entrer de cette manière, et dont l'air amer et chagrin les renseignait sur ce qu'il pensait.
20 Yvars, lui, le regarda. Ballester, qui l'aimait bien,
21 hocha la tête sans rien dire.

cou, den Vertrauensmann der Gewerkschaft, der aussah wie ein kleiner Salontenor; Said, den einzigen Araber in der Böttcherei, und alle die anderen, die ihm schweigend entgegensahen. Aber noch ehe er zu ihnen gelangte, wandten sie sich plötzlich dem Tor zu, das sich eben zu öffnen begann. Ballester, der Werkmeister, erschien auf der Schwelle. Er schloß eine der schweren Türen auf, drehte dann den Arbeitern den Rücken zu und schob das Tor langsam über seine gußeiserne Schiene zurück.

Ballester, der älteste von allen, war gegen den Streik gewesen, aber er hatte von dem Augenblick an geschwiegen, da Esposito ihm vorwarf, er sei ein Söldling des Bosses. Nun stand er neben der Tür, klein und stämmig in seinem dunkelblauen ärmellosen Trikot, bereits barfuß (er und Said waren die einzigen, die barfuß arbeiteten), mit Augen, die so hell waren, daß sie in seinem alten, gebräunten Gesicht gleichsam ohne Farbe schienen, und schaute zu, wie sie einer nach dem anderen eintraten; sein Mund unter dem dichten, hängenden Schnurrbart war traurig. Sie sagten kein Wort, gedemütigt durch diesen Einzug als Besiegte, wütend über ihr eigenes Schweigen, aber immer weniger fähig, es zu brechen, je länger es dauerte. Ohne Ballester anzublicken, gingen sie an ihm vorbei; sie wußten, daß er einem Befehl gehorchte, wenn er sie auf diese Weise einzutreten zwang, und sein bitteres, bekümmertes Gesicht verriet ihnen, was er dachte. Yvars dagegen schaute ihn an. Ballester, der ihn gern mochte, nickte ihm wortlos zu.

Maintenant, ils étaient tous au petit vestiaire, à droite de l'entrée: des stalles ouvertes, séparées par des planches de bois blanc où l'on avait accroché, de chaque côté, un petit placard fermant à clé; la dernière stalle à partir de l'entrée, à la rencontre des murs du hangar, avait été transformée en cabine de douches, au-dessus d'une rigole d'écoulement creusée à même le sol de terre battue. Au centre du hangar, on voyait, selon les places de travail, des bordelaises déjà terminées, mais cerclées lâches, et qui attendaient le forçage au feu, des bancs épais creusés d'une longue fente (et pour certains d'entre eux des fonds de bois circulaires, attendant d'être affûtés à la varlope, y étaient glissés), des feux noircis enfin. Le long du mur, à gauche de l'entrée, s'alignaient les établis. Devant eux s'entassaient les piles de douelles à raboter. Contre le mur de droite, non loin du vestiaire, deux grandes scies mécaniques, bien huilées, fortes et silencieuses, luisaient.

Depuis longtemps, le hangar était devenu trop grand pour la poignée d'hommes qui l'occupaient. C'était un avantage pendant les grandes chaleurs, un inconvénient l'hiver. Mais aujourd'hui, dans ce grand espace, le travail planté là, les tonneaux échoués dans les coins, avec l'unique cercle qui réunissait les pieds des douelles épanouies dans le haut, comme de grossières fleurs de bois, la pous-

Nun befanden sie sich alle in der kleinen Garderobe rechts vom Eingang: offene Abteile, die durch Bretter aus rohem Holz voneinander abgetrennt waren; zu beiden Seiten dieser Zwischenwände hing jeweils ein kleines, verschließbares Kästchen. Das vom Eingang aus gesehen letzte Abteil, das an die Mauern des Schuppens stieß, war als Duschraum ausgebaut worden, für dessen Abfluß eine Rinne direkt in den Boden aus gestampfter Erde gegraben war.

In der Mitte des Hangars sah man, je nach dem Arbeitsplatz, bereits fertige, aber erst locker gebundene große Bordeauxfässer, die auf das Anziehen der Reifen über dem Feuer warteten, klobige Bänke, die eine lange Spalte aufwiesen (in einigen staken runde Bodenstücke, die mit dem Hobel geschlichtet werden mußten), und schließlich geschwärzte Feuerstellen. Links vom Eingang reihten sich der Wand entlang Hobelbänke, und davor türmten sich die Haufen der zu hobelnden Dauben. An der rechten Mauer blitzten nicht weit von der Garderobe zwei mächtige, gut geölte und leise laufende Kreissägen.

Seit langem schon war der Hangar zu groß für die Handvoll Männer, die darin arbeiteten. Während der heißen Jahreszeit war das ein Vorteil, im Winter ein Nachteil. Heute jedoch trug alles dazu bei, der Werkstatt ein trostloses Aussehen zu verleihen: der weite Raum, die im Stich gelassene Arbeit, die in den Ecken herumliegenden Fässer, die nur einen einzigen Reifen aufwiesen, während die am unteren Ende zusammengebundenen Dauben nach oben

sière de sciure qui recouvrait les bancs, les caisses d'outils et les machines, tout donnait à l'atelier un air d'abandon. Ils le regardaient, vêtus maintenant de leurs vieux tricots, de leurs pantalons délavés et rapiécés, et ils hésitaient. Ballester les observait. «Alors, dit-il, on y va?» Un à un, ils gagnèrent leur place sans rien dire. Ballester allait d'un poste à l'autre et rappelait brièvement le travail à commencer ou à terminer. Personne ne répondait.

Bientôt, le premier marteau résonna contre le coin de bois ferré qui enfonçait un cercle sur la partie renflée d'un tonneau, une varlope gémit dans un nœud de bois, et l'une des scies, lancée par Esposito, démarra avec un grand bruit de lames froissées. Saïd, à la demande, apportait des douelles, ou allumait les feux de copeaux sur lesquels on plaçait les tonneaux pour les faire gonfler dans leur corset de lames ferrées. Quand personne ne le réclamait, il rivait aux établis, à grands coups de marteau, les larges cercles rouillés. L'odeur des copeaux brûlés commençait de remplir le hangar. Yvars, qui rabotait et ajustait les douelles taillées par Esposito, reconnut le vieux parfum et son cœur se desserra un peu. Tous travaillaient en silence, mais une chaleur, une vie renaissaient
24 peu à peu dans l'atelier. Par les grands vitrages,
25 une lumière fraîche remplissait le hangar. Les fu-

auseinanderstrebten wie grobschlächtige Holzblumen, und der Staub des Sägemehls, der die Tische, die Werkzeugkisten und die Maschinen überzog. Die Männer trugen nun ihre alten Trikots, ihre verwaschenen und geflickten Hosen, sie schauten sich um, und sie zögerten. Ballester beobachtete sie. «Na», sagte er, «dann wollen wir mal?» Wortlos begab sich ein jeder an seinen Platz. Ballester ging von einem zum anderen und rief kurz in Erinnerung, welche Arbeit begonnen oder beendet werden mußte. Niemand gab Antwort. Bald erdröhnte der erste Hammer auf dem eisenbeschlagenen Holzkeil, der einen Reifen über den Bauch eines Fasses trieb, ein Hobel stieß ächzend auf einen Astknorren, und eine der Sägen, die von Esposito in Betrieb gesetzt wurde, begann mit ihrem geschundenen Blatt zu kreischen. Said brachte je nach Bedarf Dauben herbei oder zündete die Spanfeuer an, über die man die Fässer stülpte, um sie in ihrem Panzer aus Eisenreifen aufquellen zu lassen. Wenn niemand ihn benötigte, vernietete er an den Hobelbänken mit kräftigen Hammerschlägen die breiten, verrosteten Reifen. Der Hangar begann nach den brennenden Hobelspänen zu riechen. Yvars, der die von Esposito geschnittenen Dauben hobelte und abrichtete, atmete den altgewohnten Geruch ein, und der Druck über seinem Herzen lockerte sich ein wenig. Sie arbeiteten alle schweigend, aber in der Werkstatt entstand nach und nach wieder ein bißchen Wärme und Leben. Frisches Licht flutete durch die großen Scheiben und füllte den Hangar. Die Rauchwolken blauten in

mées bleuissaient dans l'air doré; Yvars entendit même un insecte bourdonner près de lui.

A ce moment, la porte qui donnait dans l'ancienne tonnellerie s'ouvrit sur le mur du fond, et M. Lassalle, le patron, s'arrêta sur le seuil. Mince et brun, il avait à peine dépassé la trentaine. La chemise blanche largement ouverte sur un complet de gabardine beige, il avait l'air à l'aise dans son corps. Malgré son visage très osseux, taillé en lame de couteau, il inspirait généralement la sympathie, comme la plupart des gens que le sport a libérés dans leurs attitudes. Il semblait pourtant un peu embarrassé en franchissant la porte. Son bonjour fut moins sonore que d'habitude; personne en tout cas n'y répondit. Le bruit des marteaux hésita, se désaccorda un peu, et reprit de plus belle. M. Lassalle fit quelques pas indécis, puis il avança, vers le petit Valery, qui travaillait avec eux depuis un an seulement. Près de la scie mécanique, à quelques pas d'Yvars, il plaçait un fond sur une bordelaise et le patron le regardait faire. Valery continuait à travailler, sans rien dire. «Alors, fils, dit M. Lassalle, ça va?» Le jeune homme devint tout d'un coup plus maladroit dans ses gestes. Il jeta un regard à Esposito qui, près de lui, entassait sur ses bras énormes une pile de douelles
26 pour les porter à Yvars. Esposito le regardait aussi,
27 tout en continuant son travail, et Valery repiqua le

der goldenen Luft; Yvars hörte sogar das nahe Summen eines Insekts.

In diesem Augenblick öffnete sich in der hinteren Wand die Tür, die zur ehemaligen Böttcherei führte, und Monsieur Lassalle, der Boß, stand auf der Schwelle. Er war knapp über dreißig, schlank und dunkelhaarig. Er trug ein weißes Hemd mit offenem Kragen, einen beigen Gabardineanzug und schien sich in seiner Haut wohl zu fühlen. Trotz seines sehr knochigen, messerscharf geschnittenen Gesichts fand man ihn im allgemeinen sympathisch, wie die meisten Leute, denen der Sport ein gelöstes Auftreten verleiht. Indessen schien er ein bißchen befangen, als er nun die Werkstatt betrat. Sein Gruß war weniger klangvoll als sonst; auf jeden Fall wurde er von niemand erwidert. Das Klopfen der Hämmer verlangsamte sich, geriet ein wenig aus dem Takt und ertönte gleich darauf um so kräftiger. Monsieur Lassalle machte unschlüssig ein paar Schritte, dann ging er auf den kleinen Valery zu, der erst seit einem Jahr mit ihnen arbeitete. Nicht weit von Yvars entfernt, stand er neben der Kreissäge und setzte einem Bordeauxfaß den Boden ein. Der Boß schaute ihm zu. Valery arbeitete weiter, ohne ein Wort zu sagen. «Na, mein Junge», sagte Monsieur Lassalle, «wie geht's?» Die Bewegungen des jungen Mannes wurden plötzlich unbeholfener. Er warf einen Blick auf Esposito, der neben ihm auf seinen riesigen Armen einen Stoß Dauben aufschichtete, um sie Yvars zu bringen. Esposito blickte ihn ebenfalls an, ohne seine Arbeit zu unterbrechen, und Valery steckte die

nez dans sa bordelaise sans rien répondre au patron. Lassalle, un peu interdit, resta un court moment planté devant le jeune homme, puis il haussa les épaules et se retourna vers Marcou. Celui-ci, à califourchon sur son banc, finissait d'affûter, à petits coups lents et précis, le tranchant d'un fond. «Bonjour, Marcou», dit Lassalle, d'un ton plus sec. Marcou ne répondit pas, attentif seulement à ne tirer de son bois que de très légers copeaux. «Qu'est-ce qui vous prend, dit Lassalle d'une voix forte et en se tournant cette fois vers les autres ouvriers. On n'a pas été d'accord, c'est entendu. Mais ça n'empêche pas qu'on doive travailler ensemble. Alors, à quoi ça sert?» Marcou se leva, souleva son fond, vérifia du plat de la main le tranchant circulaire, plissa ses yeux langoureux avec un air de grande satisfaction et, toujours silencieux, se dirigea vers un autre ouvrier qui assemblait une bordelaise. Dans tout l'atelier, on n'entendait que le bruit des marteaux et de la scie mécanique. «Bon, dit Lassalle, quand ça vous aura passé, vous me le ferez dire par Ballester.» A pas tranquilles, il sortit de l'atelier.

Presque tout de suite après, au-dessus du vacarme de l'atelier, une sonnerie retentit deux fois. Ballester, qui venait de s'asseoir pour rouler une
28 cigarette, se leva pesamment et gagna la petite
29 porte du fond. Après son départ, les marteaux

Nase wieder in sein Faß und blieb dem Boß die Antwort schuldig. Leicht verdutzt stand Lassalle noch einen Augenblick vor dem Jungen, dann zuckte er die Achseln und kehrte sich Marcou zu. Dieser saß rittlings auf seiner Bank und war dabei, mit kleinen, langsamen und genauen Bewegungen die Schmalseite eines Bodens zurechtzuhobeln. «Guten Morgen, Marcou», sagte Lassalle etwas weniger liebenswürdig, Marcou gab keine Antwort, er schien einzig darauf bedacht, seinem Holz nur ganz dünne Späne abzunehmen. «Was fällt euch ein?» Lassalle erhob die Stimme und wandte sich diesmal an alle übrigen. «Wir waren verschiedener Meinung, zugegeben. Aber das ändert nichts daran, daß wir miteinander arbeiten müssen. Was hat das dann für einen Zweck?» Marcou stand auf, hob seinen Boden in die Höhe, prüfte mit der flachen Hand die Rundung, kniff mit einem Ausdruck tiefer Befriedigung seine schmachtenden Augen zusammen und ging immer noch wortlos auf einen anderen Arbeiter zu, der ein Bordeauxfaß zusammenband. In der ganzen Werkstatt war außer dem Lärm der Hämmer und der Kreissäge nichts zu hören. «Gut», sagte Lassalle, «wenn ihr wieder normal seid, laßt es mich durch Ballester wissen.» Ruhigen Schrittes verließ er den Schuppen.

Beinahe unmittelbar darauf übertönte ein zweimaliges Klingeln das Gedröhn der Werkstatt. Ballester, der sich eben gesetzt hatte, um eine Zigarette zu drehen, stand schwerfällig auf und ging durch die kleine hintere Tür hinaus. Nach seinem Fortgehen schlugen die Hämmer

frappèrent moins fort; l'un des ouvriers venait même de s'arrêter quand Ballester revint. De la porte, il dit seulement: «Le patron vous demande, Marcou et Yvars.» Le premier mouvement d'Yvars fut d'aller se laver les mains, mais Marcou le saisit au passage par le bras et il le suivit en boitant.

Au-dehors, dans la cour, la lumière était si fraîche, si liquide, qu'Yvars la sentait sur son visage et sur ses bras nus. Ils gravirent l'escalier extérieur, sous le chèvrefeuille où apparaissaient déjà quelques fleurs. Quand ils entrèrent dans le corridor tapissé de diplômes, ils entendirent des pleurs d'enfant et la voix de M. Lassalle qui disait: «Tu la coucheras après le déjeuner. On appellera le docteur si ça ne lui passe pas.» Puis le patron surgit dans le corridor et les fit entrer dans le petit bureau qu'ils connaissaient déjà, meublé de faux rustique, les murs ornés de trophées sportifs. «Asseyez-vous», dit Lassalle en prenant place derrière son bureau. Ils restèrent debout. «Je vous ai fait venir parce que vous êtes, vous, Marcou, le délégué et, toi, Yvars, mon plus vieil employé après Ballester. Je ne veux pas reprendre les discussions qui sont maintenant finies. Je ne peux pas, absolument pas, vous donner ce que vous demandez. L'affaire a été réglée, nous sommes arri-
30 vés à la conclusion qu'il fallait reprendre le travail.
31 —Je vois que vous m'en voulez et ça m'est pénible,

weniger kräftig; einer der Arbeiter hatte sogar eben innegehalten, als Ballester zurückkam. Von der Tür aus sagte er bloß: «Marcou und Yvars, der Boß will euch sprechen.» Yvars' erste Regung war, sich die Hände zu waschen, aber Marcou faßte ihn im Vorübergehen beim Arm, und Yvars hinkte ihm nach.

Draußen im Hof war das Licht so frisch, so flüssig, daß Yvars es auf seinem Gesicht und seinen bloßen Armen geradezu spürte. Sie stiegen die Außentreppe empor, wo sich im Geißblatt schon die ersten Blüten zeigten.

Als sie den mit Diplomen tapezierten Flur betraten, hörten sie Kinderweinen und Monsieur Lassalles Stimme, die sagte: «Nach dem Mittagessen bringst du sie zu Bett. Wenn es nicht besser wird, rufen wir den Arzt.» Dann tauchte der Boß im Flur auf und führte sie in das kleine, ihnen wohlbekannte Arbeitszimmer; die Einrichtung bestand aus unechten Bauernmöbeln, und Sporttrophäen schmückten die Wände.

«Setzt euch», sagte Lassalle und nahm hinter seinem Schreibtisch Platz. Sie blieben stehen. «Ich habe euch rufen lassen, weil Sie, Marcou, der Vertrauensmann sind, und du, Yvars, neben Ballester mein ältester Angestellter. Ich will die Diskussion nicht wiederaufnehmen, die ist jetzt zu Ende. Ich kann euch nicht geben, was ihr verlangt, wirklich nicht. Die Sache ist beigelegt, wir sind zu dem Schluß gekommen, daß die Arbeit wiederaufgenommen werden mußte. Ich sehe, daß ihr mir böse seid, und das schmerzt

je vous le dis comme je le sens. Je veux simplement ajouter ceci: ce que je ne peux pas faire aujourd'hui, je pourrai peut-être le faire quand les affaires reprendront. Et si je peux le faire, je le ferai avant même que vous me le demandiez. En attendant, essayons de travailler en accord.» Il se tut, sembla réfléchir, puis leva les yeux sur eux. «Alors?» dit-il. Marcou regardait au-dehors. Yvars, les dents serrées, voulait parler, mais ne pouvait pas. «Écoutez, dit Lassalle, vous vous êtes tous butés. Ça vous passera. Mais quand vous serez devenus raisonnables, n'oubliez pas ce que je viens de vous dire.» Il se leva, vint vers Marcou et lui tendit la main. «Ciao!» dit-il. Marcou pâlit d'un seul coup, son visage de chanteur de charme se durcit et, l'espace d'une seconde, devint méchant. Puis il tourna brusquement les talons et sortit. Lassalle, pâle aussi, regarda Yvars sans lui tendre la main. «Allez vous faire foutre», cria-t-il.

Quand ils rentrèrent dans l'atelier, les ouvriers déjeunaient. Ballester était sorti. Marcou dit seulement: «Du vent», et il regagna sa place de travail. Esposito s'arrêta de mordre dans son pain pour demander ce qu'ils avaient répondu; Yvars dit qu'ils n'avaient rien répondu. Puis, il alla chercher sa musette et revint s'asseoir sur le banc où il travaillait. Il commençait de manger lorsque, non loin de lui, il aperçut Saïd, couché sur le dos dans un

mich. Das sage ich euch offen. Ich möchte nur folgendes hinzufügen: was mir heute unmöglich ist, wird vielleicht später möglich, wenn die Geschäfte wieder besser gehen. Und wenn es möglich wird, werde ich es tun, noch bevor ihr es von mir verlangt. Inzwischen sollten wir doch versuchen, in Frieden miteinander zu arbeiten.» Er verstummte, schien zu überlegen, dann erhob er die Augen zu ihnen. «Nun?» sagte er. Marcou schaute aus dem Fenster. Yvars hatte die Zähne zusammengebissen, wollte sprechen und vermochte es nicht. «Hört», sagte Lassalle, «ihr habt euch alle verrannt. Das wird euch auch wieder vergehen. Wenn ihr vernünftig geworden seid, vergeßt nicht, was ich euch gesagt habe.» Er erhob sich, trat auf Marcou zu und streckte ihm die Hand entgegen. «Ciao!» sagte er. Marcou erbleichte, sein Barsängergesicht wurde hart und eine Sekunde lang böse. Dann kehrte er sich jäh auf dem Absatz um und ging hinaus. Lassalle war ebenfalls bleich geworden und schaute Yvars an, ohne ihm die Hand hinzuhalten. «Schert euch zum Teufel!» schrie er.

Als sie in die Werkstatt zurückkehrten, aßen die Arbeiter zu Mittag. Ballester war verschwunden. Marcou sagte bloß «Bluff» und ging an seinen Arbeitsplatz.

Esposito hielt im Brotkauen inne, um zu fragen, was sie geantwortet hätten; Yvars sagte, sie hätten keine Antwort gegeben. Dann holte er seinen Brotsack und setzte sich auf die Bank, an der er arbeitete. Er hatte eben angefangen zu essen, als er nicht weit von sich Said gewahrte, der rücklings auf ei-

tas de copeaux, le regard perdu vers le verrières, bleuies par un ciel maintenant moins lumineux. Il lui demanda s'il avait déjà fini. Saïd dit qu'il avait mangé ses figues. Yvars s'arrêta de manger. Le malaise qui ne l'avait pas quitté depuis l'entrevue avec Lassalle disparaissait soudain pour laisser seulement place à une bonne chaleur. Il se leva en rompant son pain et dit, devant le refus de Saïd, que la semaine prochaine tout irait mieux. «Tu m'inviteras à ton tour», dit-il. Saïd sourit. Il mordait maintenant dans un morceau du sandwich d'Yvars, mais légèrement, comme un homme sans faim.

Esposito prit une vieille casserole et alluma un petit feu de copeaux et de bois. Il fit réchauffer du café qu'il avait apporté dans une bouteille. Il dit que c'était un cadeau pour l'atelier que son épicier lui avait fait quand il avait appris l'échec de la grève. Un verre à moutarde circula de main en main. A chaque fois, Esposito versait le café déjà sucré. Saïd l'avala avec plus de plaisir qu'il n'avait mis à manger. Esposito buvait le reste du café à même la casserole brûlante, avec des clappements de lèvres et des jurons. A ce moment, Ballester entra pour annoncer la reprise.

Pendant qu'ils se levaient et rassemblaient papiers et vaisselles dans leurs musettes, Ballester
34 vint se placer au milieu d'eux et dit soudain que
35 c'était un coup dur pour tous, et pour lui aussi,

nem Haufen Hobelspäne lag und mit verlorenem Blick zu den Scheiben schaute, die ein jetzt weniger strahlender Himmel blau tönte. Er fragte ihn, ob er schon fertig sei. Said antwortete, er habe seine Feigen gegessen. Yvars hielt inne. Das Unbehagen, das er seit der Unterredung mit Lassalle nicht losgeworden war, verschwand plötzlich und machte einer wohltuenden Wärme Platz. Er stand auf, teilte sein Brot und sagte, als Said es nicht annehmen wollte, bis in einer Woche werde alles besser gehen. «Dann kannst du ja mich einladen.» Said lächelte. Er biß nun in ein Stück von Yvars' Brot, aber leichthin, wie ein Mensch, der keinen Hunger hat.

Esposito nahm einen alten Kochtopf und machte ein kleines Feuer aus Hobelspänen und Holz. Er wärmte den Kaffee, den er in einer Flasche mitgebracht hatte. Er sagte, sein Krämer habe ihn der Werkstatt gestiftet, als er vernahm, daß der Streik gescheitert war.

Ein Senfglas ging von Hand zu Hand. Esposito schenkte jedem einzelnen das bereits gezuckerte Getränk ein. Said hatte mehr Freude an diesem Schluck Kaffee als zuvor am Essen. Esposito trank den Rest schmatzend und fluchend geradewegs aus dem heißen Kochtopf. In diesem Augenblick trat Ballester ein und verkündete das Ende der Mittagspause.

Während sie sich erhoben und Papier und Geschirr in ihre Brotsäcke packten, stellte Ballester sich mitten unter sie und sagte plötzlich, es sei für alle ein harter Schlag, auch für ihn, aber das sei kein Grund, sich wie Kinder zu

mais que ce n'était pas une raison pour se conduire comme des enfants et que ça ne servait à rien de bouder. Esposito, la casserole à la main, se tourna vers lui; son épais et long visage avait rougi d'un coup. Yvars savait ce qu'il allait dire, et que tous pensaient en même temps que lui, qu'ils ne boudaient pas, qu'on leur avait fermé la bouche, c'était à prendre ou à laisser, et que la colère et l'impuissance font parfois si mal qu'on ne peut même pas crier. Ils étaient des hommes, voilà tout, et ils n'allaient pas se mettre à faire des sourires et des mines. Mais Esposito ne dit rien de tout cela, son visage se détendit enfin, et il frappa doucement l'épaule de Ballester pendant que les autres retournaient à leur travail. De nouveau les marteaux résonnèrent, le grand hangar s'emplit du vacarme familier, de l'odeur des copeaux et des vieux vêtements mouillés de sueur. La grande scie vrombissait et mordait dans le bois frais de la douelle qu'Esposito poussait lentement devant lui. A l'endroit de la morsure, une sciure mouillée jaillissait et recouvrait d'une sorte de chapelure de pain les grosses mains poilues, fermement serrées sur le bois, de chaque côté de la lame rugissante. Quand la douelle était tranchée, on n'entendait plus que le bruit du moteur.

Yvars sentait maintenant la courbature de son
36 dos penché sur la varlope. D'habitude, la fatigue
37 ne venait que plus tard. Il avait perdu son en-

benehmen, und Schmollen führe zu nichts. Esposito hielt den Kochtopf noch in der Hand, während er sich ihm zukehrte; sein derbes, langes Gesicht war jäh rot geworden. Yvars wußte, was er sagen würde und was sie alle in diesem Augenblick dachten, nämlich daß sie nicht schmollten, daß man ihnen den Mund verschlossen hatte, wer nicht will, der hat gehabt, und daß der Zorn und die Ohnmacht zuweilen so weh tun, daß man nicht einmal schreien kann. Sie waren Männer, das war alles, und sie würden nicht anfangen, ein Lächeln aufzusetzen und zu scharwenzeln. Aber Esposito sagte nichts von alledem, sein Gesicht entspannte sich endlich, und freundlich klopfte er Ballester auf die Schulter, während die anderen an ihre Arbeit zurückkehrten.

Von neuem erdröhnten die Hämmer, der große Schuppen füllte sich mit dem vertrauten Lärm, dem Geruch der Hobelspäne und der alten, schweißfeuchten Kleider. Die große Säge fraß sich knirschend durch das frische Holz der Daube, die Esposito langsam vor sich her schob. An der Stelle, wo sie hineinbiß, sprudelten feuchte Sägespäne empor und bedeckten die groben, behaarten Hände, die sich zu beiden Seiten des heulenden Blattes fest um das Holz schlossen, mit einer Art Paniermehl. Wenn eine Daube durchgesägt war, hörte man nur mehr das Summen des Motors.

Yvars spürte jetzt die Müdigkeit seines über den Hobel gebeugten Rückens. Gewöhnlich machte sie sich erst zu späterer Stunde bemerkbar. Offensichtlich war er in diesen

traînement pendant ces semaines d'inaction, c'était évident. Mais il pensait aussi à l'âge qui fait plus dur le travail des mains, quand ce travail n'est pas de simple précision. Cette courbature lui annonçait aussi la vieillesse. Là où les muscles jouent, le travail finit par être maudit, il précède la mort, et les soirs de grands efforts, le sommeil justement est comme la mort. Le garçon voulait être instituteur, il avait raison, ceux qui faisaient des discours sur le travail manuel ne savaient pas de quoi ils parlaient.

Quand Yvars se redressa pour reprendre souffle et chasser aussi ces mauvaises pensées, la sonnerie retentit à nouveau. Elle insistait, mais d'une si curieuse manière, avec de courts arrêts et des reprises impérieuses, que les ouvriers s'arrêtèrent. Ballester écoutait, surpris, puis se décida et gagna lentement la porte. Il avait disparu depuis quelques secondes quand la sonnerie cessa enfin. Ils reprirent le travail. De nouveau, la porte s'ouvrit brutalement, et Ballester courut vers le vestiaire. Il en sortit, chaussé d'espadrilles, enfilant sa veste, dit à Yvars en passant: «La petite a eu une attaque. Je vais chercher Germain», et courut vers la grande porte. Le docteur Germain s'occupait de l'atelier; il habitait le faubourg. Yvars répéta la
38 nouvelle sans commentaires. Ils étaient autour de
39 lui et se regardaient, embarrassés. On n'entendait

Wochen der Untätigkeit aus der Übung gekommen. Aber er dachte auch an das Alter, das einen die Arbeit der Hände saurer ankommen läßt, wenn es sich nicht um bloße Präzisionsarbeit handelt. Der Schmerz im Rücken war der Vorbote des Alters. Dort, wo die Muskeln mit im Spiel sind, wird die Arbeit schließlich zum Fluch, sie geht dem Tod voraus, und nach einem besonders anstrengenden Tag gleicht der Schlaf bereits dem Tod. Der Junge wollte Lehrer werden, recht hatte er, all die Leute, die da Lobreden hielten auf die Handarbeit, wußten nicht, wovon sie sprachen.

Als Yvars sich aufrichtete, um Atem zu schöpfen und auch um die unguten Gedanken zu verjagen, ertönte von neuem die Klingel. Sie schrillte eindringlich, aber auf so merkwürdige Weise, mit kurzen Pausen, nach denen sie ungeduldig neu einsetzte, daß die Arbeiter innehielten. Ballester hörte erstaunt hin, dann entschloß er sich und ging langsam zur Tür. Er war bereits seit ein paar Sekunden verschwunden, als das Läuten endlich aufhörte. Sie machten sich wieder an die Arbeit. Von neuem wurde die Tür aufgestoßen, und Ballester rannte zur Garderobe. Als er wieder herauskam, trug er Schlappen an den Füßen, und während er noch in seine Jacke schlüpfte, sagte er im Vorbeilaufen zu Yvars: «Die Kleine hat einen Anfall gehabt. Ich hole Germain.» Damit lief er zum Tor hinaus. Doktor Germain war der Arzt, der die Werkstatt betreute; er wohnte in der Vorstadt. Yvars gab die Neuigkeit kommentarlos weiter. Sie standen um ihn herum und

plus que le moteur de la scie mécanique qui roulait librement. «Ce n'est peut-être rien», dit l'un deux. Ils regagnèrent leur place, l'atelier se remplit de nouveau de leurs bruits, mais ils travaillaient lentement, comme s'ils attendaient quelque chose.

Au bout d'un quart d'heure, Ballester entra de nouveau, déposa sa veste et, sans dire un mot, ressortit par la petite porte. Sur les verrières, la lumière fléchissait. Un peu après, dans les intervalles où la scie ne mordait pas le bois, on entendit le timbre mat d'une ambulance, d'abord lointaine, puis proche, et présente, maintenant silencieuse. Au bout d'un moment, Ballester revint et tous avancèrent vers lui. Esposito avait coupé le moteur. Ballester dit qu'en se déshabillant dans sa chambre, l'enfant était tombée d'un coup, comme si on l'avait fauchée. «Ça, alors!» dit Marcou. Ballester hocha la tête et eut un geste vague vers l'atelier; mais il avait l'air bouleversé. On entendit à nouveau le timbre de l'ambulance. Ils étaient tous là, dans l'atelier silencieux, sous les flots de lumière jaune déversés par les verrières, avec leurs rudes mains inutiles qui pendaient le long des vieux pantalons couverts de sciure.

Le reste de l'après-midi se traîna. Yvars ne sentait plus que sa fatigue et son cœur toujours serré.
40 Il aurait voulu parler. Mais il n'avait rien à dire
41 et les autres non plus. Sur leurs visages taciturnes

schauten sich ratlos an. Man hörte nur noch den leerlaufenden Motor der Kreissäge. «Vielleicht ist's nicht so schlimm», sagte einer. Sie gingen an ihre Plätze zurück, der Schuppen füllte sich wieder mit den verschiedenen Geräuschen, aber sie arbeiteten langsam, als warteten sie auf etwas.

Nach einer Viertelstunde kam Ballester zurück, legte seine Jacke ab und ging wortlos zur hinteren Tür wieder hinaus. Das Licht jenseits der Glaswände verlor an Kraft. In den kurzen Pausen, da die Säge nicht kreischte, hörte man ein bißchen später das dumpfe Klingeln eines Krankenwagens, zuerst ferne, dann näher, ganz nahe, und dann war es verstummt. Nach einer Weile kam Ballester zurück, und alle gingen zu ihm hin. Esposito hatte den Motor abgestellt. Ballester berichtete, die Kleine habe sich in ihrem Zimmer ausgekleidet und sei auf einmal wie vom Blitz getroffen zu Boden gestürzt. «So was!» sagte Marcou. Ballester nickte und wies mit unentschlossener Gebärde auf die Werkstatt; in seinem Gesicht stand Erschütterung. Von neuem war das Bimmeln des Krankenwagens zu hören. Da standen sie alle in der stillen Werkstatt, im gelben Licht, das durch die Scheiben flutete, und ihre verarbeiteten Hände hingen unnütz an den alten, sägemehlbestäubten Hosen herab.

Der Rest des Nachmittags wollte kein Ende nehmen. Yvars fühlte nur noch seine Müdigkeit und sein immer noch bedrücktes Herz. Er hätte gern gesprochen. Aber er hatte nichts zu sagen, und die anderen auch nicht. Auf

se lisaient seulement le chagrin et une sorte d'obstination. Parfois, en lui, le mot malheur se formait, mais à peine, et il disparaissait aussitôt comme une bulle naît et éclate en même temps. Il avait envie de rentrer chez lui, de retrouver Fernande, le garçon, et la terrasse aussi. Justement, Ballester annonçait la clôture. Les machines s'arrêtèrent. Sans se presser, ils commencèrent d'éteindre les feux et de ranger leur place, puis ils gagnèrent un à un le vestiaire. Saïd resta le dernier, il devait nettoyer les lieux de travail, et arroser le sol poussiéreux. Quand Yvars arriva au vestiaire, Esposito, énorme et velu, était déjà sous la douche. Il leur tournait le dos, tout en se savonnant à grand bruit. D'habitude, on le plaisantait sur sa pudeur; ce grand ours, en effet, dissimulait obstinément ses parties nobles. Mais personne ne parut s'en apercevoir ce jour-là. Esposito sortit à reculons et enroula autour de ses hanches une serviette en forme de pagne. Les autres prirent leur tour et Marcou claquait vigoureusement ses flancs nus quand on entendit la grande porte rouler lentement sur sa roue de fonte. Lassalle entra.

Il était habillé comme lors de sa première visite, mais ses cheveux étaient un peu dépeignés. Il s'arrêta sur le seuil, contempla le vaste atelier déserté, fit quelques pas, s'arrêta encore et regarda vers le vestiaire. Esposito, toujours couvert de son

ihren schweigsamen Gesichtern waren bloß Kummer und eine Art Eigensinn zu lesen. Manchmal bildete sich in ihm das Wort Unglück, aber nur flüchtig, und es verschwand sogleich wieder, wie eine Blase, die schon im Entstehen zerplatzt. Es drängte ihn, heimzukehren, Fernande wiederzufinden, den Jungen, und auch die Terrasse. Und Ballester verkündete auch gerade den Arbeitsschluß. Die Maschinen standen still. Ohne sich zu beeilen, begannen sie die Feuer zu löschen und an ihren Plätzen aufzuräumen, dann gingen sie einer nach dem anderen in die Garderobe. Said war der letzte, er mußte die Arbeitsplätze kehren und den staubigen Boden besprengen. Als Yvars in die Garderobe kam, stand der riesige, dicht behaarte Esposito bereits unter der Dusche. Er kehrte ihnen den Rücken zu und seifte sich geräuschvoll ein. Sonst neckte man ihn immer wegen seiner Schamhaftigkeit; dieser mächtige Bär verbarg nämlich seine edlen Teile beharrlich vor allen Blikken. Aber heute schien niemand es zu beachten. Esposito kam rückwärts heraus und schlang ein Handtuch als Lendenschurz um seinen Leib. Dann duschte sich einer nach dem anderen, und Marcou klatschte eben kräftig auf seine nackten Hüften, als man das Tor langsam auf seinem Eisenrad rollen hörte. Lassalle trat ein.

Er war gleich angezogen wie bei seinem ersten Besuch, aber seine Haare waren ein bißchen in Unordnung geraten. Er stand auf der Schwelle still, betrachtete die weite, verödete Werkstatt, machte ein paar Schritte, hielt wieder inne und blickte zur Garderobe hinüber. Esposito, immer

pagne, se tourna vers lui. Nu, embarrassé, il se balançait un peu d'un pied sur l'autre. Yvars pensa que c'était à Marcou de dire quelque chose. Mais Marcou se tenait, invisible, derrière la pluie d'eau qui l'entourait. Esposito se saisit d'une chemise, et il la passait prestement quand Lassalle dit: «Bonsoir», d'une voix un peu détimbrée, et se mit à marcher vers la petite porte. Quand Yvars pensa qu'il fallait l'appeler, la porte se refermait déjà.

Yvars se rhabilla alors sans se laver, dit bonsoir lui aussi, mais avec tout son cœur, et ils lui répondirent avec la même chaleur. Il sortit rapidement, retrouva sa bicyclette et, quand il l'enfourcha, sa courbature. Il roulait maintenant dans l'après-midi finissant, à travers la ville encombrée. Il allait vite, il voulait retrouver la vieille maison et la terrasse. Il se laverait dans la buanderie avant de s'asseoir et de regarder la mer qui l'accompagnait déjà, plus foncée que le matin, au-dessus des rampes du boulevard. Mais la petite fille aussi l'accompagnait et il ne pouvait s'empêcher de penser à elle.

A la maison, le garçon était revenu de l'école et lisait des illustrés. Fernande demanda à Yvars si tout s'était bien passé. Il ne dit rien, se lava dans la buanderie, puis s'assit sur le banc, contre le petit mur de la terrasse. Du linge reprisé pendait au-dessus de lui, le ciel devenait transparent;

noch mit seinem Lendenschurz angetan, drehte sich ihm zu. Nackt und verlegen wechselte er diskret das Standbein. Yvars dachte, es sei an Marcou, etwas zu sagen. Aber Marcou stand unsichtbar hinter dem Wasserfall, der ihn umsprühte. Esposito griff nach seinem Hemd und war dabei, es sich eilig überzuziehen, als Lassalle mit etwas tonloser Stimme «Gute Nacht» sagte und auf die Hintertür zuging. Als es Yvars in den Sinn kam, man müßte ihn herbeirufen, fiel die Türe bereits wieder ins Schloß.

Da zog Yvars sich an, ohne sich zu waschen, wünschte seinerseits gute Nacht, aber voll Herzlichkeit, und sie erwiderten seinen Gruß mit der gleichen Wärme. Er ging schnell hinaus, nahm sein Rad und fand, als er es bestieg, auch seine Müdigkeit wieder. Nun fuhr er im sich neigenden Nachmittag durch das Gedränge der Stadt. Er beeilte sich, er wollte heim, in das alte Haus und auf die Terrasse. Er würde sich in der Waschküche waschen, bevor er sich hinsetzte und auf das Meer hinausschaute, das ihn jetzt schon, dunkler als am Morgen, jenseits der Brüstung des Boulevards begleitete. Aber auch das kleine Mädchen begleitete ihn, und er konnte seine Gedanken nicht von ihm lösen.

Als er heimkam, war der Junge aus der Schule zurück und las in Illustrierten. Fernande fragte Yvars, ob alles gut gegangen sei. Er sagte nichts, wusch sich in der Waschküche und setzte sich dann auf die Bank am Terrassenmäuerchen. Gestopfte Wäsche hing über ihm, der Himmel wurde durchsichtig; über die Mauer hinweg konnte

par delà le mur, on pouvait voir la mer douce du soir. Fernande apporta l'anisette, deux verres, la gargoulette d'eau fraîche. Elle prit place près de son mari. Il lui raconta tout, en lui tenant la main, comme aux premiers temps de leur mariage. Quand il eut fini, il resta immobile, tourné vers la mer où courait déjà, d'un bout à l'autre de l'horizon, le rapide crépuscule. «Ah, c'est de sa faute!» dit-il. Il aurait voulu être jeune, et que Fernande le fût encore, et ils seraient parties, de l'autre côté de la mer.

Der Gast

Der Lehrer schaute zu, wie die beiden Männer zu ihm emporstiegen. Der eine war beritten, der andere zu Fuß. Sie waren noch nicht bei dem Steilhang angelangt, der zu seiner an den Hügel gebauten Schule führte. Inmitten der Steine stapften sie mühsam durch den Schnee über die unermeßliche Weite der öden Hochebene. Das Pferd strauchelte von Zeit zu Zeit.

Man hörte es noch nicht, aber man sah die Dampfwolke, die dann jedesmal aus seinen Nüstern drang. Einer der Männer zumindest kannte die Gegend. Sie folgten der Piste, die doch schon seit Tagen unter einer schmutzigweißen Decke begraben lag. Der Lehrer rechnete sich aus, daß sie nicht vor einer halben Stunde oben ankommen würden. Es war kalt; er kehrte in die Schule zurück, um einen Sweater anzuziehen.

Er durchquerte das leere, eiskalte Klassenzimmer. Auf der Wandtafel flossen die vier mit verschiedenfarbigen Kreiden gezeichneten Ströme Frankreichs seit drei Tagen ihrer Mündung entgegen. Nach acht Monaten der Trokkenheit hatte der Schneefall jäh um die Oktobermitte eingesetzt, ohne daß der Regen einen Übergang gebracht hätte, und die etwa zwanzig Schüler, die in den über die Hochebene verstreuten Dörfern wohnten, kamen nicht mehr. Man mußte besseres Wetter abwarten. Daru heizte nur noch den einen, an das Klassenzimmer anstoßenden

qui constituait son logement, attenant à la classe, et ouvrant aussi sur le plateau à l'est. Une fenêtre donnait encore, comme celles de la classe, sur le midi. De ce côté, l'école se trouvait à quelques kilomètres de l'endroit où le plateau commençait à descendre vers le sud. Par temps clair, on pouvait apercevoir les masses violettes du contrefort montagneux où s'ouvrait la porte du désert.

Un peu réchauffé, Daru retourna à la fenêtre d'où il avait, pour la première fois, aperçu les deux hommes. On ne les voyait plus. Ils avaient donc attaqué le raidillon. Le ciel était moins foncé: dans la nuit, la neige avait cessé de tomber. Le matin s'était levé sur une lumière sale qui s'était à peine renforcée à mesure que le plafond de nuages remontait. A deux heures de l'après-midi, on eût dit que la journée commençait seulement. Mais cela valait mieux que ces trois jours où l'épaisse neige tombait au milieu des ténèbres incessantes, avec de petites sautes de vent qui venaient secouer la double porte de la classe. Daru patientait alors de longues heures dans sa chambre dont il ne sortait que pour aller sous l'appentis, soigner les poules et puiser dans la provision de charbon. Heureusement, la camionnette de Tadjid, le village le plus proche au nord, avait apporté le ravi-
50 taillement deux jours avant la tourmente. Elle re-
51 viendrait dans quarante-huit heures.

Raum, der ebenfalls die Hochebene gegen Osten überblickte und seine Wohnung bildete. Ein Fenster ging außerdem wie die des Klassenzimmers nach Süden. Auf dieser Seite befand sich die Schule ein paar Kilometer von der Stelle entfernt, wo das Hochplateau gegen Süden abzufallen begann. Bei klarem Wetter konnte man die wuchtigen violetten Ausläufer des Gebirges sehen, in dem sich das Tor der Wüste öffnete.

Nachdem Daru sich ein bißchen gewärmt hatte, trat er wieder ans Fenster, von dem aus er die beiden Männer zuerst erblickt hatte. Man sah sie nicht mehr. Sie befanden sich jetzt also am Steilhang. Der Himmel war weniger dunkel, in der Nacht hatte es aufgehört zu schneien. Der Tag war mit einem schmutzigen Licht angebrochen, das kaum an Stärke zunahm, als die Wolkendecke höher stieg. Um zwei Uhr nachmittags hätte man meinen können, der Tag beginne eben erst zu dämmern. Aber das war immer noch besser als diese drei Tage, da inmitten der unaufhörlichen Finsternis dichter Schnee gefallen war, während hie und da ein Windstoß an der Doppeltür des Klassenzimmers rüttelte. Daru verbrachte lange Stunden geduldig in seinem Zimmer, das er nur verließ, um im Schuppen nach den Hühnern zu sehen und aus dem Kohlenvorrat zu schöpfen. Zum Glück hatte der kleine Lieferwagen von Tadjid, dem nächsten, nördlich gelegenen Dorf, ihn zwei Tage vor dem Sturm mit Lebensmitteln versehen. In achtundvierzig Stunden würde er wiederkommen.

Il avait d'ailleurs de quoi soutenir un siège, avec les sacs de blé qui encombraient la petite chambre et que l'administration lui laissait en réserve pour distribuer à ceux de ses élèves dont les familles avaient été victimes de la sécheresse. En réalité, le malheur les avait tous atteints puisque tous étaient pauvres. Chaque jour, Daru distribuait une ration aux petits. Elle leur avait manqué, il le savait bien, pendant ces mauvais jours. Peut-être un des pères ou des grands frères viendrait ce soir et il pourrait les ravitailler en grains. Il fallait faire la soudure avec la prochaine récolte, voilà tout. Des navires de blé arrivaient maintenant de France, le plus dur était passé. Mais il serait difficile d'oublier cette misère, cette armée de fantômes haillonneux errant dans le soleil, les plateaux calcinés mois après mois, la terre recroquevillée peu à peu, littéralement torréfiée, chaque pierre éclatant en poussière sous le pied. Les moutons mouraient alors par milliers et quelques hommes, çà et là, sans qu'on puisse toujours le savoir.

Devant cette misère, lui qui vivait presque en
moine dans cette école perdue, content d'ailleurs
du peu qu'il avait, et de cette vie rude, s'était
senti un seigneur, avec ses murs crépis, son di-
52 van étroit, ses étagères de bois blanc, son puits,
53 et son ravitaillement hebdomadaire en eau et

Er hatte übrigens genug Vorräte, um eine ganze Belagerung auszuhalten: die Säcke voll Korn, die das kleine Zimmer beengten, waren ihm von den Behörden als Notvorrat überlassen worden, damit er an die Schüler, deren Familien von der Dürre getroffen worden waren, etwas verteilen konnte. Tatsächlich hatte das Unglück sie alle getroffen, da sie ja alle arm waren. Jeden Tag erhielten die Kleinen eine Ration. Daru wußte genau, daß sie ihnen während dieser Zeit des schlechten Wetters gefehlt hatte. Vielleicht würde einer der Väter oder der großen Brüder an diesem Abend heraufkommen, und dann konnte er sie mit Korn versorgen. Es galt, die Zeit bis zur neuen Ernte zu überbrücken, weiter nichts. Jetzt waren Getreideschiffe aus Frankreich unterwegs, das Schlimmste war überstanden. Aber es würde schwerhalten, dieses Elend zu vergessen, dieses Heer zerlumpter, in der Sonne umherirrender Schatten, die Monat um Monat versengten Hochplateaus, die allmählich in sich zusammengeschrumpfte, buchstäblich geröstete Erde, auf der jeder Stein unter den Füßen zu Staub zerbarst. Da starben die Schafe zu Tausenden, und auch ein paar Menschen hier und dort, ohne daß man dies immer erfuhr.

Er, der in seiner abgelegenen Schule ein beinahe mönchisches Dasein führte, zufrieden übrigens mit dem wenigen, das er besaß, und mit der Rauheit seines Lebens, fühlte sich angesichts dieses Elends geradezu als Herr, wenn er an seine vier verputzten Wände, sein schmales Ruhebett, seine Bücherregale aus rohem Holz, seine Zi-

en nourriture. Et, tout d'un coup, cette neige, sans avertissement, sans la détente de la pluie. Le pays était ainsi, cruel à vivre, même sans les hommes, qui, pourtant, n'arrangeaient rien. Mais Daru y était né. Partout ailleurs, il se sentait exilé.

Il sortit et avança sur le terre-plein devant l'école. Les deux hommes étaient maintenant à mi-pente. Il reconnut dans le cavalier, Balducci, le vieux gendarme qu'il connaissait depuis longtemps. Balducci tenait au bout d'une corde un Arabe qui avançait derrière lui, les mains liées, le front baissé. Le gendarme fit un geste de salutation auquel Daru ne répondit pas, tout entier occupé à regarder l'Arabe vêtu d'une djellabah autrefois bleue, les pieds dans des sandales, mais couverts de chaussettes en grosse laine grège, la tête coiffée d'un chèche étroit et court. Ils approchaient. Balducci maintenait sa bête au pas pour ne pas blesser l'Arabe et le groupe avançait lentement.

A portée de voix, Balducci cria: «Une heure pour faire les trois kilomètres d'El Ameur ici!» Daru ne répondit pas. Court et carré dans son chandail épais, il les regardait monter. Pas une seule fois, l'Arabe n'avait levé la tête. «Salut, dit Daru, quand ils débouchèrent sur le terre-plein. Entrez vous réchauffer.» Balducci descendit péni-

sterne und seine wöchentliche Versorgung mit Nahrung und Wasser dachte. Und nun plötzlich dieser Schnee, ohne Warnung, ohne die entspannende Wohltat des Regens. So war das Land, es machte das Leben grausam und schwer, selbst abgesehen von den Menschen, die wahrhaftig nichts vereinfachten. Aber Daru war hier geboren. Überall sonst fühlte er sich als Fremdling.

Er trat aus dem Haus und schritt über den ebenen Vorplatz vor der Schule. Die beiden Männer befanden sich jetzt auf halber Höhe des Abhangs. Der Reiter war Balducci, der alte Gendarm, den er schon seit langem kannte. An einem Strick führte er einen Araber, der mit gefesselten Händen und gesenkter Stirn hinterdrein trottete. Der Gendarm machte eine grüßende Gebärde, die Daru unbeantwortet ließ, so sehr war er damit beschäftigt, den Araber zu betrachten; er trug eine ehemals blaue Djellabah und Sandalen an den mit Socken aus grober, ungefärbter Wolle bekleideten Füßen; ein schmaler, kurzer Chèche bedeckte seinen Kopf. Sie kamen näher. Balducci ritt ständig im Schritt, um den Araber nicht zu verletzen, und so ging es nur langsam vorwärts.

Als sie sich auf Rufweite genähert hatten, schrie Balducci: «Eine Stunde für die drei Kilometer von El Ameur hierher!» Daru, klein und vierschrötig in seinem dicken Sweater, gab keine Antwort, sondern schaute zu, wie sie emporstiegen. Kein einziges Mal hatte der Araber den Kopf erhoben. «Willkommen», sagte Daru, als sie auf den Vorplatz gelangten. «Kommt herein und wärmt

blement de sa bête, sans lâcher la corde. Il sourit à l'instituteur sous ses moustaches hérissées. Ses petits yeux sombres, très enfoncés sous le front basané, et sa bouche entourée de rides, lui donnaient un air attentif et appliqué. Daru prit la bride, conduisit la bête vers l'appentis, et revint vers les deux hommes qui l'attendaient maintenant dans l'école. Il les fit pénétrer dans sa chambre. «Je vais chauffer la salle de classe, dit-il. Nous y serons plus à l'aise.»

Quand il entra de nouveau dans la chambre, Balducci était sur le divan. Il avait dénoué la corde qui le liait à l'Arabe et celui-ci s'était accroupi près du poêle. Les mains toujours liées, le chèche maintenant poussé en arrière, il regardait vers la fenêtre. Daru ne vit d'abord que ses énormes lèvres, pleines, lisses, presque négroïdes; le nez cependant était droit, les yeux sombres, pleins de fièvre. Le chèche découvrait un front buté et, sous la peau recuite mais un peu décolorée par le froid, tout le visage avait un air à la fois inquiet et rebelle qui frappa Daru quand l'Arabe, tournant son visage vers lui, le regarda droit dans les yeux. «Passez à côté, dit l'instituteur, je vais vous faire du thé à la menthe. – Merci, dit Balducci. Quelle corvée! Vivement la retraite.» Et s'adressant en arabe à son prisonnier: «Viens, toi.»

euch.» Balducci stieg schwerfällig aus dem Sattel, ohne den Strick loszulassen. Unter seinem gesträubten Schnurrbart lächelte er dem Lehrer zu. Seine kleinen, dunklen, tiefliegenden Augen unter der sonnenverbrannten Stirn und sein von Fältchen umgebener Mund verliehen ihm ein aufmerksames, beflissenes Aussehen. Daru faßte das Tier beim Zügel und brachte es in den Schuppen, dann kehrte er zu den beiden Männern zurück, die nun in der Schule auf ihn warteten. Er führte sie in seine Stube. «Ich will im Klassenzimmer heizen», sagte er, «wir haben es bequemer dort». Als er zurückkehrte, saß Balducci auf dem Diwan. Er hatte den Strick gelöst, der ihn an den Araber band, und dieser kauerte nun neben dem Ofen. Seine Hände waren nach wie vor gefesselt, er hatte seine Kopfbedekkung nach hinten geschoben und schaute zum Fenster hinüber. Daru sah zunächst nur seine riesigen, vollen und glatten Lippen, die beinahe an einen Neger gemahnten; die Nase indessen war gerade, seine dunklen Augen schimmerten fiebrig. Der Chèche gab jetzt eine eigensinnige Stirn frei, und das ganze Gesicht mit der gegerbten, von der Kälte nun ein wenig entfärbten Haut trug einen zugleich ängstlichen und aufrührerischen Ausdruck, der Daru betroffen machte, als der Araber ihm den Kopf zukehrte und ihm voll in die Augen blickte. «Kommt nach nebenan», sagte der Lehrer, «ich mache euch Pfefferminztee.» – «Danke», sagte Balducci. «So eine Schinderei! Wenn ich nur schon pensioniert wäre!» Und an seinen Gefangenen gerichtet, fügte er auf arabisch hinzu: «Komm.»

L'Arabe se leva et, lentement, tenant ses poignets joints devant lui, passa dans l'école.

Avec le thé, Daru apporta une chaise. Mais Balducci trônait déjà sur la première table d'élève et l'Arabe s'était accroupi contre l'estrade du maître, face au poêle qui se trouvait entre le bureau et la fenêtre. Quand il tendit le verre de thé au prisonnier, Daru hésita devant ses mains liées. «On peut le délier, peut-être.

– Sûr, dit Balducci. C'était pour le voyage.» Il fit mine de se lever. Mais Daru, posant le verre sur le sol, s'était agenouillé près de l'Arabe. Celui-ci, sans rien dire, le regardait faire de ses yeux fiévreux. Les mains libres, il frotta l'un contre l'autre ses poignets gonflés, prit le verre de thé et aspira le liquide brûlant, à petites gorgées rapides.

«Bon, dit Daru. Et comme ça, où allez-vous?»

Balducci retira sa moustache du thé: «Ici, fils.

– Drôles d'élèves! Vous couchez ici?

– Non. Je vais retourner à El Ameur. Et toi, tu livreras le camarade à Tinguit. On l'attend à la commune mixte.»

Balducci regardait Daru avec un petit sourire d'amitié.

58 «Qu'est-ce que tu racontes, dit l'instituteur.
59 Tu te fous de moi?

Der Araber erhob sich und begab sich langsam, seine gefesselten Handgelenke vor der Brust, ins Schulzimmer.

Gleichzeitig mit dem Tee brachte Daru einen Stuhl. Aber Balducci thronte bereits auf dem vordersten Schülerpult, und der Araber hockte zusammengekauert am Lehrerpodium, dem Ofen gegenüber, der zwischen Schreibtisch und Fenster stand. Als Daru dem Gefangenen sein Glas Tee reichen wollte, zögerte er beim Anblick seiner gebundenen Hände. «Vielleicht könnte man ihm das abnehmen?» – «Gewiß», sagte Balducci. «Es war nur für unterwegs.» Er machte Anstalten, sich zu erheben. Aber schon hatte Daru das Glas auf den Boden gestellt und war neben dem Araber niedergekniet. Der schaute ihm wortlos aus seinen fiebrigen Augen zu. Als seine Hände frei waren, rieb er seine geschwollenen Handgelenke aneinander, dann nahm er sein Glas und sog die kochend heiße Flüssigkeit mit kleinen Schlucken hastig in sich ein.

«Schön», sagte Daru. «Und wohin soll die Reise gehen?»

Balducci hob seinen Schnurrbart aus dem Tee. «Hierher, mein Sohn.»

«Sonderbare Schüler! Wollt ihr hier übernachten?»

«Nein. Ich kehre gleich nach El Ameur zurück. Und du wirst unseren Kumpan in Tinguit abliefern. Er wird in der frankoarabischen Gemeinde erwartet.»

Balducci schaute Daru mit einem leisen, freundschaftlichen Lächeln an.

«Was faselst du da?» sagte der Lehrer. «Du willst mich wohl auf den Arm nehmen!»

– Non, fils. Ce sont les ordres.

– Les ordres? Je ne suis pas...» Daru hésita; il ne voulait pas peiner le vieux Corse. «Enfin, ce n'est pas mon métier.

– Eh! Qu'est-ce que ça veut dire? A la guerre, on fait tous les métiers.

– Alors, j'attendrai la déclaration de guerre!»

Balducci approuva de la tête. «Bon. Mais les ordres sont là et ils te concernent aussi. Ça bouge, paraît-il. On parle de révolte prochaine. Nous sommes mobilisés, dans un sens.»

Daru gardait son air buté.

«Écoute, fils, dit Balducci. Je t'aime bien, il faut comprendre. Nous sommes une douzaine à El Ameur pour patrouiller dans le territoire d'un petit département et je dois rentrer. On m'a dit de te confier ce zèbre et de rentrer sans tarder. On ne pouvait pas le garder là-bas. Son village s'agitait, ils voulaient le reprendre. Tu dois le mener à Tinguit dans la journée de demain. Ce n'est pas une vingtaine de kilomètres qui font peur à un costaud comme toi. Après, ce sera fini. Tu retrouveras tes élèves et la bonne vie.»

Derrière le mur, on entendit le cheval s'ébrouer et frapper du sabot. Daru regardait par la fenêtre.
60 Le temps se levait décidément, la lumière s'élar-
61 gissait sur le plateau neigeux. Quand toute la

«Nein, mein Sohn. So lauten die Befehle.»

«Die Befehle? Ich bin doch kein ...» Daru zögerte, er wollte den alten Korsen nicht kränken. «Ich meine, es ist nicht mein Beruf.»

«Na und? Was will das schon heißen? Im Krieg übt man jeden Beruf aus.»

«Dann will ich die Kriegserklärung abwarten!»

Balducci nickte beifällig. «Gut. Aber die Befehle sind da, und sie gehen auch dich an. Es rumort, wie es scheint. Man munkelt von einer nahe bevorstehenden Erhebung. In gewissem Sinn haben wir Mobilmachung.»

Daru bewahrte seinen verstockten Ausdruck.

«Hör zu, mein Sohn», sagte Balducci. «Ich mag dich gern leiden, aber so begreif doch! Wir sind in El Ameur kaum ein Dutzend Leute, um ein Land zu überwachen, das so groß ist wie ein kleines Departement, und ich muß zurück. Ich habe den Auftrag, dir diesen Burschen zu übergeben und unverzüglich zurückzukehren. Wir konnten ihn nicht behalten. Sein Dorf geriet in Aufruhr, sie wollten ihn heimholen. Du mußt ihn im Verlauf des morgigen Tages nach Tinguit bringen. Wie könnten zwanzig Kilometer einem strammen Kerl wie dir Angst machen. Nachher bist du die Sache los. Du kehrst zu deinen Schülern und zu deinem sorglosen Leben zurück.»

Jenseits der Mauer hörte man das Pferd prusten und scharren. Daru schaute zum Fenster hinaus. Das Wetter wurde ganz entschieden besser, das Licht breitete sich über die verschneite Hochebene aus. Sobald der Schnee

neige serait fondue, le soleil régnerait de nouveau et brûlerait une fois de plus les champs de pierre. Pendant des jours, encore, le ciel inaltérable déverserait sa lumière sèche sur l'étendue solitaire où rien ne rappelait l'homme.

«Enfin, dit-il en se retournant vers Balducci, qu'est-ce qu'il a fait?» Et il demanda, avant que le gendarme ait ouvert la bouche: «Il parle français?

– Non, pas un mot. On le recherchait depuis un mois, mais ils le cachaient. Il a tué son cousin.

– Il est contre nous?

– Je ne crois pas. Mais on ne peut jamais savoir.

– Pourquoi a-t-il tué?

– Des affaires de famille, je crois. L'un devait du grain à l'autre, paraît-il. Ça n'est pas clair. Enfin, bref, il a tué le cousin d'un coup de serpe. Tu sais, comme au mouton, zic!...»

Balducci fit le geste de passer une lame sur sa gorge et l'Arabe, son attention attirée, le regardait avec une sorte d'inquiétude. Une colère subite vint à Daru contre cet homme, contre tous les hommes et leur sale méchanceté, leurs haines inlassables, leur folie du sang.

Mais la bouilloire chantait sur le poêle. Il res-
62 servit du thé à Balducci, hésita, puis servit à
63 nouveau l'Arabe qui, une seconde fois, but avec

völlig geschmolzen war, würde die Sonne wieder herrschen und abermals die Felder von Stein versengen. Tagelang würde der unwandelbare Himmel von neuem sein trockenes Licht über die einsame Weite ausgießen, wo nichts an den Menschen gemahnte.

«Nun», fragte er und wandte sich wieder Balducci zu, «was hat er denn verbrochen?» Und ehe der Gendarm den Mund auftun konnte, erkundigte er sich noch: «Spricht er Französisch?»

«Nein, kein Wort. Es wurde seit einem Monat nach ihm gefahndet, aber sie hielten ihn versteckt. Er hat seinen Vetter umgebracht.»

«Ist er gegen uns?»

«Ich glaube nicht. Aber das weiß man ja nie.»

«Warum hat er getötet?»

«Familienhändel, glaube ich. Der eine soll dem anderen Korn schuldig geblieben sein. Eine unklare Sache. Kurz und gut, er hat den Vetter mit der Hippe umgebracht, weißt du, wie ein Schaf, zack! ...»

Balducci mimte den Schnitt einer Klinge an seiner Kehle und erregte damit die Aufmerksamkeit des Arabers, der ihn mit einer gewissen Besorgnis anblickte. Jäher Zorn überflutete Daru gegen diesen Mann, gegen alle Menschen und ihre dreckige Bosheit, ihren unermüdlichen Haß, ihren Blutwahn.

Aber der Wasserkessel summte auf dem Ofen. Daru schenkte Balducci nochmals Tee ein, zögerte und füllte dann auch das Glas des Arabers wieder, der ein zweites

avidité. Ses bras soulevés entrebâillaient maintenant la djellabah et l'instituteur aperçut sa poitrine maigre et musclée.

«Merci, petit, dit Balducci. Et maintenant, je file.»

Il se leva et se dirigea vers l'Arabe, en tirant une cordelette de sa poche.

«Qu'est-ce que tu fais?» demanda sèchement Daru.

Balducci, interdit, lui montra la corde.

«Ce n'est pas la peine.»

Le vieux gendarme hésita:

«Comme tu voudras. Naturellement, tu es armé?

– J'ai mon fusil de chasse.

– Où?

– Dans la malle.

– Tu devrais l'avoir près de ton lit.

– Pourquoi? Je n'ai rien à craindre.

– Tu es sonné, fils. S'ils se soulèvent, personne n'est à l'abri, nous sommes tous dans le même sac.

– Je me défendrai. J'ai le temps de les voir arriver.»

Balducci se mit à rire, puis la moustache vint soudain recouvrir les dents encore blanches.

«Tu as le temps? Bon. C'est ce que je disais.
64 Tu as toujours été un peu fêlé. C'est pour ça que
65 je t'aime bien, mon fils était comme ça.»

Mal gierig trank. Seine erhobenen Arme ließen jetzt die Djellabah aufspringen, und der Lehrer konnte seine magere, sehnige Brust sehen.

«Danke, mein Junge», sagte Balducci. «Und jetzt will ich machen, daß ich fortkomme.»

Er stand auf und näherte sich dem Araber, während er ein dünnes Seil aus der Tasche zog.

«Was machst du?» fragte Daru schroff.

Erstaunt zeigte Balducci ihm den Strick.

«Nicht nötig.»

Der alte Gendarm zauderte.

«Wie du willst. Du bist doch bewaffnet?»

«Ich habe mein Jagdgewehr.»

«Wo?»

«Im großen Koffer.»

«Neben deinem Bett solltest du es haben.»

«Warum? Ich habe nichts zu fürchten.»

«Du bist nicht ganz bei Trost, mein Sohn. Wenn sie sich erheben, ist keiner sicher, wir sitzen alle im gleichen Boot.»

«Ich werde mich zur Wehr setzen. Ich habe reichlich Zeit, sie herankommen zu sehen.»

Balducci setzte zu einem Lachen an, dann senkte sich der Schnurrbart plötzlich wieder über die noch weißen Zähne.

«Du hast reichlich Zeit? Schön. Das sagte ich ja eben. Du warst schon immer ein bißchen angeschlagen. Gerade deshalb mag ich dich. Mein Sohn war genau wie du.»

Il tirait en même temps son revolver et le posait sur le bureau.

«Garde-le, je n'ai pas besoin de deux armes d'ici El Ameur.»

Le revolver brillait sur la peinture noire de la table. Quand le gendarme se retourna vers lui, l'instituteur sentit son odeur de cuir et de cheval.

«Écoute, Balducci, dit Daru soudainement, tout ça me dégoûte, et ton gars le premier. Mais je ne le livrerai pas. Me battre, oui, s'il le faut. Mais pas ça.»

Le vieux gendarme se tenait devant lui et le regardait avec sévérité.

«Tu fais des bêtises, dit-il lentement. Moi non plus, je n'aime pas ça. Mettre une corde à un homme, malgré les années, on ne s'y habitue pas et même, oui, on a honte. Mais on ne peut pas les laisser faire.

–Je ne le livrerai pas, répéta Daru.

– C'est un ordre, fils. Je te le répète.

– C'est ça. Répète-leur ce que je t'ai dit: je ne le livrerai pas.»

Balducci faisait un visible effort de réflexion. Il regardait l'Arabe et Daru. Il se décida enfin.

«Non. Je ne leur dirai rien. Si tu veux nous lâcher, à ton aise, je ne te dénoncerai pas. J'ai
66 l'ordre de livrer le prisonnier: je le fais. Tu vas
67 maintenant me signer le papier.

Während er sprach, zog er seinen Revolver und legte ihn auf den Schreibtisch.

«Du kannst ihn behalten, ich brauche keine zwei Waffen von hier nach El Ameur.»

Die Waffe schimmerte auf dem Schwarz der Tischplatte. Als der Gendarm sich umdrehte, roch der Lehrer den von ihm ausgehenden Leder- und Pferdegeruch.

«Hör, Balducci», sagte Daru, «die ganze Geschichte widert mich an, angefangen bei deinem Kunden da. Aber ich werde ihn nicht ausliefern. Mich schlagen will ich, gewiß, wenn es sein muß. Aber das nicht.»

Der alte Gendarm stand aufrecht vor ihm und schaute ihn vorwurfsvoll an.

«Du begehst eine Dummheit», sagte er langsam. «Auch ich mag das nicht. Einem Menschen einen Strick anlegen – man gewöhnt sich nicht daran, trotz der Jahre nicht, und man schämt sich sogar, ja wahrhaftig. Aber man kann sie nicht einfach gewähren lassen.»

«Ich werde ihn nicht ausliefern», sagte Daru wieder.

«Es ist ein Befehl, mein Sohn. Ich wiederhole es.»

«Ganz recht. Und wiederhole ihnen, was ich dir gesagt habe: ich werde ihn nicht ausliefern.»

Balducci gab sich sichtlich Mühe, nachzudenken. Er sah den Araber und Daru an. Endlich entschloß er sich.

«Nein. Ich werde es nicht melden. Wenn du dich von uns lossagen willst, so tu es, ich zeige dich nicht an. Ich habe Befehl, den Gefangenen abzugeben; das tue ich. Jetzt mußt du mir nur noch den Zettel unterschreiben.»

– C'est inutile. Je ne nierai pas que tu me l'as laissé.

– Ne sois pas méchant avec moi. Je sais que tu diras la vérité. Tu es d'ici, tu es un homme. Mais tu dois signer, c'est la règle.»

Daru ouvrit son tiroir, tira une petite bouteille carrée d'encre violette, le porte-plume de bois rouge avec la plume sergent-major qui lui servait à tracer les modèles d'écriture et il signa. Le gendarme plia soigneusement le papier et le mit dans son portefeuille. Puis il se dirigea vers la porte.

«Je vais t'accompagner, dit Daru.

– Non, dit Balducci. Ce n'est pas la peine d'être poli. Tu m'as fait un affront.»

Il regarda l'Arabe, immobile, à la même place, renifla d'un air chagrin et se détourna vers la porte: «Adieu, fils», dit-il. La porte battit derrière lui. Balducci surgit devant la fenêtre puis disparut. Ses pas étaient étouffés par la neige. Le cheval s'agita derrière la cloison, des poules s'effarèrent. Un moment après, Balducci repassa devant la fenêtre tirant le cheval par la bride. Il avançait vers le raidillon sans se retourner, disparut le premier et le cheval le suivit. On entendit une grosse pierre rouler mollement. Daru revint vers le prisonnier qui n'avait pas bougé, mais ne le quittait pas des yeux. «Attends», dit l'in-

«Überflüssig. Ich werde nicht abstreiten, daß du ihn mir dagelassen hast.»

«Sei doch nicht so widerborstig. Ich weiß genau, daß du die Wahrheit sagen wirst. Du bist von hier, du bist ein Mann. Aber unterschreiben mußt du, das ist Vorschrift.»

Daru öffnete seine Schublade, holte ein viereckiges Fläschchen mit violetter Tinte hervor, den Federhalter aus rotem Holz mit der Schulfeder, die ihm zum Vorzeichnen der Buchstaben diente, und unterschrieb. Der Gendarm faltete das Blatt sorgfältig zusammen und legte es in seine Brieftasche. Dann begab er sich zur Tür.

«Ich begleite dich hinaus», sagte Daru.

«Nein», erwiderte Balducci. «Gib dir keine Mühe mit Höflichkeiten. Du hast mich beleidigt.»

Er schaute den Araber an, der noch unbeweglich an der gleichen Stelle hockte, schniefte kummervoll und wandte sich zur Tür. «Lebe wohl, mein Sohn», sagte er. Die Tür fiel hinter ihm zu. Seine Gestalt tauchte vor dem Fenster auf und verschwand. Sein Schritt wurde vom Schnee gedämpft. Jenseits der Mauer begann das Pferd zu stampfen, Hühner gerieten in Aufruhr. Kurz darauf kam Balducci nochmals am Fenster vorbei, er zog das Pferd am Halfter nach sich. Ohne sich umzudrehen, ging er zum Steilhang; er verschwand, und das Pferd folgte ihm. Man hörte einen großen Stein dumpf hinunterkollern. Daru kehrte zum Gefangenen zurück, der sich nicht gerührt hatte, ihn jedoch nicht aus den Augen ließ. «Warte»,

stituteur en arabe, et il se dirigea vers la chambre. Au moment de passer le seuil, il se ravisa, alla au bureau, prit le revolver et le fourra dans sa poche. Puis, sans se retourner, il entra dans sa chambre.

Longtemps, il resta étendu sur son divan à regarder le ciel se fermer peu à peu, à écouter le silence. C'était ce silence qui lui avait paru pénible les premiers jours de son arrivée, après la guerre. Il avait demandé un poste dans la petite ville au pied des contreforts qui séparent du désert les hauts plateaux. Là, des murailles rocheuses, vertes et noires au nord, roses ou mauves au sud, marquaient la frontière de l'éternel été. On l'avait nommé à un poste plus au nord, sur le plateau même. Au début, la solitude et le silence lui avaient été durs sur ces terres ingrates, habitées seulement par des pierres. Parfois, des sillons faisaient croire à des cultures, mais ils avaient été creusés pour mettre au jour une certaine pierre, propice à la construction. On ne labourait ici que pour récolter des cailloux. D'autres fois, on grattait quelques copeaux de terre, accumulée dans des creux, dont on engraisserait les maigres jardins des villages. C'était ainsi, le caillou seul couvrait les trois quarts de ce pays. Les villes y naissaient, brillaient, puis disparaissaient; les hommes y passaient, s'aimaient ou se mordaient à

sagte der Lehrer auf arabisch und schickte sich an, sein Zimmer aufzusuchen. Als er über die Schwelle treten wollte, besann er sich, ging zum Schreibtisch, nahm den Revolver und steckte ihn in die Tasche. Dann begab er sich in seine Stube, ohne sich umzuwenden.

Er blieb lange auf seinem Bett ausgestreckt liegen, schaute zu, wie der Himmel sich allmählich verschloß, und lauschte auf die Stille. Gerade diese Stille hatte ihn während der ersten Zeit bedrückt, als er nach dem Krieg hierhergekommen war. Er hatte sich um eine Stelle in der kleinen Stadt am Fuß des Vorgebirges beworben, das die Hochebene von der Wüste trennt. Im Norden grünes und schwarzes, im Süden rosarotes und malvenfarbiges Felsgemäuer bezeichnete dort die Grenze des ewigen Sommers. Man hatte ihm einen anderen Posten zugewiesen, weiter im Norden, auf der Hochebene selber. Anfänglich waren ihn die Einsamkeit und das Schweigen in diesem undankbaren, nur von Steinen bevölkerten Land hart angekommen. Zuweilen täuschten Furchen ein bebautes Feld vor, aber man hatte sie nur aufgebrochen, um einen bestimmten, zum Bauen geeigneten Stein zutage zu fördern. Man pflügte hier nur, um Steine zu ernten. Manchmal kratzte man auch ein paar Erdkrumen zusammen, die sich in Vertiefungen angesammelt hatten, um damit die kärglichen Gärten in den Dörfern fruchtbarer zu machen. So war es nun einmal, der Kiesel bedeckte für sich allein drei Viertel des Landes. Städte entstanden hier, erblühten und gingen unter; Menschen traten flüchtig auf, liebten sich

la gorge, puis mouraient. Dans ce désert, personne, ni lui ni son hôte n'étaient rien. Et pourtant, hors de ce désert, ni l'un ni l'autre, Daru le savait, n'auraient pu vivre vraiment.

Quand il se leva, aucun bruit ne venait de la salle de classe. Il s'étonna de cette joie franche qui lui venait à la seule pensée que l'Arabe avait pu fuir et qu'il allait se retrouver seul sans avoir rien à décider.

Mais le prisonnier était là. Il s'était seulement couché de tout son long entre le poêle et le bureau. Les yeux ouverts, il regardait le plafond. Dans cette position, on voyait surtout ses lèvres épaisses qui lui donnaient un air boudeur. «Viens», dit Daru. L'Arabe se leva et le suivit. Dans la chambre, l'instituteur lui montra une chaise près de la table, sous la fenêtre. L'Arabe prit place sans cesser de regarder Daru.

«Tu as faim?

– Oui», dit le prisonnier.

Daru installa deux couverts. Il prit de la farine et de l'huile, pétrit dans un plat une galette et alluma le petit fourneau à butagaz. Pendant que la galette cuisait, il sortit pour ramener de l'appentis du fromage, des œufs, des dattes et du lait condensé. Quand la galette fut cuite, il la mit
72 à refroidir sur le rebord de la fenêtre, fit chauffeur
73 du lait condensé étendu d'eau et, pour finir, battit

oder fuhren sich an die Gurgel, und starben. In dieser Wüste zählte keiner, er nicht und sein Gast nicht. Und doch hätte außerhalb dieser Wüste, dessen war Daru gewiß, der eine so wenig wie der andere wirklich zu leben vermocht.

Als er sich erhob, drang kein Geräusch aus dem Klassenzimmer. Er verwunderte sich über die ungeteilte Freude, die er beim bloßen Gedanken empfand, der Araber sei vielleicht entwichen und er werde wieder allein sein, ohne irgendeine Entscheidung treffen zu müssen. Aber der Gefangene war da. Er hatte sich bloß zwischen Ofen und Schreibtisch am Boden ausgestreckt. Mit weit offenen Augen betrachtete er die Zimmerdecke. In dieser Stellung sah man vor allem seine wulstigen Lippen, die ihm einen schmollenden Ausdruck verliehen. «Komm», sagte Daru. Der Araber erhob sich und folgte ihm. Im anderen Zimmer wies der Lehrer auf einen Stuhl neben dem Tisch am Fenster. Der Araber setzte sich, ohne die Augen von Daru abzuwenden.

«Hast du Hunger?»

«Ja», sagte der Gefangene.

Daru legte zwei Gedecke auf. Er nahm Mehl und Öl, knetete in einer Schüssel einen Fladenteig und zündete den kleinen Butangas-Backofen an. Während der Fladen buk, ging er hinaus, um im Schuppen Käse, Eier, Datteln und Kondensmilch zu holen. Als der Fladen fertig war, stellte er ihn zum Abkühlen auf den Fenstersims, machte mit Wasser verdünnte Kondensmilch warm und schlug schließlich die Eier zu einem Pfannkuchen. Im Verlauf seiner

les œufs en omelette. Dans un de ses mouvements, il heurta le revolver enfoncé dans sa poche droite. Il posa le bol, passa dans la salle de classe et mit le revolver dans le tiroir de son bureau. Quand il revint dans la chambre, la nuit tombait. Il donna de la lumière et servit l'Arabe: «Mange», dit-il. L'autre prit un morceau de galette, le porta vivement à sa bouche et s'arrêta.

«Et toi? dit-il.

– Après toi. Je mangerai aussi.»

Les grosses lèvres s'ouvrirent un peu, l'Arabe hésita, puis il mordit résolument dans la galette.

Le repas fini, l'Arabe regardait l'instituteur.

«C'est toi le juge?

– Non, je te garde jusqu'à demain.

– Pourquoi tu manges avec moi?

– J'ai faim.»

L'autre se tut. Daru se leva et sortit. Il ramena un lit de camp de l'appentis, l'étendit entre la table et le poêle, perpendiculairement à son propre lit. D'une grande valise qui, debout dans un coin, servait d'étagère à dossiers, il tira deux couvertures qu'il disposa sur le lit de camp.

Puis il
s'arrêta, se sentit oisif, s'assit sur son lit. Il n'y avait plus rien à faire ni à préparer. Il fallait re-
74 garder cet homme. Il le regardait donc, essayant
75 d'imaginer ce visage emporté de fureur. Il n'y par-

Hantierungen stieß er an den in der rechten Hosentasche steckenden Revolver. Er stellte die Schüssel auf den Tisch, ging ins Klassenzimmer hinüber und legte den Revolver in seine Schreibtischschublade. Als er wieder ins Zimmer trat, war die Dämmerung hereingebrochen. Er zündete Licht an und bediente den Araber. «Iß», sagte er. Der andere nahm ein Stück Fladen, führte es gierig zum Munde und hielt inne.

«Und du?» fragte er.

«Du zuerst. Ich esse dann auch.»

Die dicken Lippen öffneten sich ein wenig, der Araber zögerte, dann biß er entschlossen in sein Stück Fladen.

Als sie gegessen hatten, sah der Araber den Lehrer an.

«Bist du der Richter?»

«Nein. Ich behalte dich bis morgen hier.»

«Warum ißt du mit mir?»

«Ich habe Hunger.»

Der andere schwieg. Daru erhob sich und ging hinaus. Er brachte ein Feldbett aus dem Schuppen und stellte es quer zu seinem eigenen Bett zwischen Tisch und Ofen auf. Aus einem großen, aufrecht in einer Ecke stehenden Koffer, auf dem er seine Akten aufbewahrte, holte er zwei Decken und breitete sie über das Feldbett. Dann blieb er stehen, kam sich müßig vor und setzte sich auf sein Bett. Es gab nichts mehr zu tun, nichts mehr vorzubereiten. Er war gezwungen, diesen Mann anzuschauen. Also schaute er ihn an und versuchte, sich dieses Gesicht in rasendem Zorn vorzustellen. Es wollte ihm nicht gelingen. Er sah

venait pas. Il voyait seulement le regard à la fois sombre et brillant, et la bouche animale.

«Pourquoi tu l'as tué?» dit-il d'une voix dont l'hostilité le surprit.

L'Arabe détourna son regard.

«Il s'est sauvé. J'ai couru derrière lui.»

Il releva les yeux sur Daru et ils étaient pleins d'une sorte d'interrogation malheureuse.

«Maintenant, qu'est-ce qu'on va me faire?

– Tu as peur?»

L'autre se raidit, en détournant les yeux.

«Tu regrettes?»

L'Arabe le regarda, bouche ouverte. Visiblement, il ne comprenait pas. L'irritation gagnait Daru. En même temps, il se sentait gauche et emprunté dans son gros corps, coincé entre les deux lits.

«Couche-toi là, dit-il avec impatience. C'est ton lit.»

L'Arabe ne bougeait pas. Il appela Daru:

«Dis!»

L'instituteur le regarda.

«Le gendarme revient demain?

– Je ne sais pas.

– Tu viens avec nous?

– Je ne sais pas. Pourquoi?»

Le prisonnier se leva et s'étendit à même les couvertures, les pieds vers la fenêtre. La lumière

nur den zugleich düsteren und glänzenden Blick und den tierhaften Mund.

«Warum hast du ihn getötet?» fragte er in einem Ton, dessen Feindseligkeit ihn selbst überraschte.

Der Araber wandte die Augen ab.

«Er ist weggelaufen. Ich habe ihm nachgesetzt.»

Er schaute Daru wieder an, und in seinen Augen stand etwas wie unglückliches Fragen.

«Was wird man jetzt mit mir machen?»

«Hast du Angst?»

Der andere saß plötzlich steif da und blickte zur Seite.

«Tut es dir leid?»

Der Araber schaute ihn mit offenem Mund an. Es war ganz klar, daß er nicht verstand. Ärger begann in Daru hochzusteigen. Gleichzeitig kam er sich mit seinem kräftigen, zwischen den beiden Betten eingezwängten Körper linkisch und unbeholfen vor.

«Leg dich dahin», sagte er ungeduldig. «Es ist dein Bett.»

Der Araber rührte sich nicht. Er sprach zu Daru:

«Sag mal!»

Der Lehrer blickte ihn an.

«Kommt der Gendarm morgen wieder?»

«Ich weiß nicht.»

«Kommst du mit uns?»

«Ich weiß nicht. Warum?»

Der Gefangene stand auf und legte sich mit den Füßen gegen das Fenster auf die Decken. Das Licht der elektri-

de l'ampoule électrique lui tombait droit dans les yeux qu'il ferma aussitôt.

«Pourquoi?» répéta Daru, planté devant le lit.

L'Arabe ouvrit les yeux sous la lumière aveuglante et le regarda en s'efforçant de ne pas battre les paupières.

«Viens avec nous», dit-il.

Au milieu de la nuit, Daru ne dormait toujours pas. Il s'était mis au lit après s'être complètement déshabillé: il couchait nu habituellement. Mais quand il se trouva sans vêtements dans la chambre, il hésita. Il se sentait vulnérable, la tentation lui vint de se rhabiller. Puis il haussa les épaules; il en avait vu d'autres et, s'il le fallait, il casserait en deux son adversaire. De son lit, il pouvait l'observer, étendu sur le dos, toujours immobile et les yeux fermés sous la lumière violente. Quand Daru éteignit, les ténèbres semblèrent se congeler d'un coup. Peu à peu, la nuit redevint vivante dans la fenêtre où le ciel sans étoiles remuait doucement. L'instituteur distingua bientôt le corps étendu devant lui. L'Arabe ne bougeait toujours pas, mais ses yeux semblaient ouverts. Un léger vent rôdait autour de l'école. Il chasserait peut-être les nuages et le soleil re-
78 viendrait.

79 Dans la nuit, le vent grandit. Les poules s'agi-

schen Birne fiel ihm gerade in die Augen, die er sogleich schloß.

«Warum?» wiederholte Daru, breitbeinig vor dem Bett stehend.

Der Araber schlug die Augen unter dem blendenden Licht auf und sah ihn an, wobei er sich bemühte, nicht zu blinzeln.

«Komm mit uns», sagte er.

Mitten in der Nacht schlief Daru immer noch nicht. Er hatte sich zu Bett gelegt, nachdem er sich völlig ausgekleidet hatte: er pflegte nackt zu schlafen. Aber als er aller Kleider entblößt im Zimmer stand, zögerte er. Er fühlte sich verwundbar und war versucht, sich wieder anzuziehen. Dann zuckte er die Achseln; er hatte sich schon in mancher mißlichen Lage befunden, notfalls würde er seinen Gegner zu Boden schlagen. Von seinem Bett aus konnte er ihn beobachten; er lag nach wie vor unbeweglich auf dem Rücken und hielt die Augen vor dem harten Licht geschlossen. Als Daru es löschte, schienen die nächtlichen Schatten wie auf einen Schlag zu Eis zu erstarren. Allmählich gewann die Nacht wieder Leben, und der sternlose Himmel hinter den Scheiben begann sich sanft zu regen. Bald vermochte der Lehrer die vor ihm liegende Gestalt zu erkennen. Der Araber rührte sich noch immer nicht, aber seine Augen schienen jetzt offenzustehen. Ein leiser Wind strich um die Schule. Vielleicht würde er die Wolken verjagen, und die Sonne kehrte zurück.

Im Verlauf der Nacht nahm der Wind an Stärke zu. Die

tèrent un peu, puis se turent. L'Arabe se retourna sur le côté, présentant le dos à Daru et celui-ci crut l'entendre gémir. Il guetta ensuite sa respiration, devenue plus forte et plus régulière. Il écoutait ce souffle si proche et rêvait sans pouvoir s'endormir. Dans la chambre où, depuis un an, il dormait seul, cette présence le gênait. Mais elle le gênait aussi parce qu'elle lui imposait une sorte de fraternité qu'il refusait dans les circonstances présentes et qu'il connaissait bien: les hommes, qui partagent les mêmes chambres, soldats ou prisonniers, contractent un lien étrange comme si, leurs armures quittées avec les vêtements, ils se rejoignaient chaque soir, par-dessus leurs différences, dans la vieille communauté du songe et de la fatigue. Mais Daru se secouait, il n'aimait pas ces bêtises, il fallait dormir.

Un peu plus tard pourtant, quand l'Arabe bougea imperceptiblement, l'instituteur ne dormait toujours pas. Au deuxième mouvement du prisonnier, il se raidit, en alerte. L'Arabe se soulevait lentement sur les bras, d'un mouvement presque somnambulique. Assis sur le lit, il attendit, immobile, sans tourner la tête vers Daru, comme s'il écoutait de toute son attention. Daru ne bougea pas: il venait de penser que le revolver
 était resté dans le tiroir de son bureau. Il valait
 mieux agir tout de suite. Il continua cependant

Hühner gackerten ein wenig und verstummten dann. Der Araber drehte sich auf die Seite, so daß er Daru den Rükken zukehrte, und der Lehrer vermeinte ihn stöhnen zu hören. Dann lauschte er auf seine Atemzüge, die kräftiger und regelmäßiger geworden waren. Er horchte auf diesen so nahen Atem und sann vor sich hin, ohne einschlafen zu können. In diesem Zimmer, wo er seit einem Jahr allein schlief, empfand er die Gegenwart des anderen als störend. Sie störte ihn auch, weil sie ihm eine Art Brüderlichkeit aufzwang, die er unter den gegebenen Umständen ablehnte und deren Wesen ihm wohlbekannt war: Männer, Soldaten oder Gefangene, die ein und denselben Raum teilen, gehen eine seltsame Bindung ein, als fänden sie sich jeden Abend, sobald sie mit den Kleidern ihre Rüstung abgelegt haben, über ihre Eigenheiten hinweg in der zeitlosen Gemeinschaft der Müdigkeit und des Traums zusammen. Aber Daru schüttelte das ab, solche Dummheiten waren ihm zuwider, er mußte schlafen.

Als der Araber sich jedoch ein wenig später unmerklich regte, schlief der Lehrer noch immer nicht. Bei der zweiten Bewegung des Gefangenen straffte sein Körper sich in Alarmbereitschaft. Der Araber richtete sich langsam, beinahe schlafwandlerisch auf den Ellenbogen auf. Dann saß er auf dem Bettrand und wartete unbeweglich, ohne den Kopf nach Daru umzuwenden, als lausche er mit gespanntester Aufmerksamkeit. Daru rührte sich nicht; ihm war eben eingefallen, daß er den Revolver in der Schreibtischschublade gelassen hatte. Es war klüger, unverzüg-

d'observer le prisonnier qui, du même mouvement huilé, posait ses pieds sur le sol, attendait encore, puis commençait à se dresser lentement. Daru allait l'interpeller quand l'Arabe se mit en marche, d'une allure naturelle cette fois, mais extraordinairement silencieuse. Il allait vers la porte du fond qui donnait sur l'appentis. Il fit jouer le loquet avec précaution et sortit en repoussant la porte derrière lui, sans la refermer. Daru n'avait pas bougé: «Il fuit, pensait-il seulement. Bon débarras!» Il tendit pourtant l'oreille. Les poules ne bougeaient pas: l'autre était donc sur le plateau. Un faible bruit d'eau lui parvint alors dont il ne comprit ce qu'il était qu'au moment où l'Arabe s'encastra de nouveau dans la porte, la referma avec soin, et vint se recoucher sans un bruit. Alors Daru lui tourna le dos et s'endormit. Plus tard encore, il lui sembla entendre, du fond de son sommeil, des pas furtifs autour de l'école. «Je rêve, je rêve!» se répétait-il. Et il dormait.

Quand il se réveilla, le ciel était découvert; par la fenêtre mal jointe entrait un air froid et pur. L'Arabe dormait, recroquevillé maintenant sous les couvertures, la bouche ouverte, totalement abandonné. Mais quand Daru le secoua, il eut un
82 sursaut terrible, regardant Daru sans le reconnaî-
83 tre avec des yeux fous et une expression si apeu-

lich zu handeln. Indessen fuhr er fort, den Gefangenen zu beobachten, der mit derselben Geschmeidigkeit seine Füße auf den Boden setzte, wiederum wartete und dann anfing, leise aufzustehen. Daru wollte ihn gerade anrufen, als der Araber sich in jetzt ganz natürlichem, aber unglaublich lautlosem Schritt zu entfernen begannn. Er begab sich zur hinteren Tür, die in den Schuppen führte. Behutsam schob er den Riegel zurück, ging hinaus und zog die Tür hinter sich zu, ohne sie zu schließen.

Daru hatte sich nicht bewegt. ‹Er reißt aus›, dachte er bloß. ‹Den wären wir los!› Dennoch horchte er angestrengt. Die Hühner blieben still, der andere war also auf dem freien Platz draußen. Dann vernahm er ein leises Geplätscher, dessen Bedeutung ihm erst klar wurde, als der Araber wieder unter der Tür auftauchte, sie sorgfältig schloß und sich geräuschlos hinlegte. Da kehrte Daru ihm den Rücken zu und schlief ein. Noch später vermeinte er in der Tiefe seines Schlafs schleichende Schritte um das Schulhaus zu hören. ‹Ich träume, ich träume!› redete er sich ein. Und er schlief.

Als er erwachte, war der Himmel wolkenlos; durch die Ritzen des Fensters drang kalte, reine Luft. Der Araber schlief; er lag jetzt zusammengerollt unter den Decken, mit offenem Mund, in rückhaltloser Preisgabe. Aber als Daru ihn wachrüttelte, fuhr er in tiefstem Schrecken auf und schaute ihn, ohne ihn zu erkennen, aus verstörten Augen und mit einem so angstvollen Ausdruck an, daß

rée que l'instituteur fit un pas en arrière. «N'aie pas peur. C'est moi. Il faut manger.» L'Arabe secoua la tête et dit oui. Le calme était revenu sur son visage, mais son expression restait absente et distraite.

Le café était prêt. Ils le burent, assis tous deux sur le lit de camp, en mordant leurs morceaux de galette. Puis Daru mena l'Arabe sous l'appentis et lui montra le robinet où il faisait sa toilette. Il rentra dans la chambre, plia les couvertures et le lit de camp, fit son propre lit et mit la pièce en ordre. Il sortit alors sur le terre-plein en passant par l'école. Le soleil montait déjà dans le ciel bleu; une lumière tendre et vive inondait le plateau désert. Sur le raidillon, la neige fondait par endroits. Les pierres allaient apparaître de nouveau. Accroupi au bord du plateau, l'instituteur contemplait l'étendue déserte. Il pensait à Balducci. Il lui avait fait de la peine, il l'avait renvoyé, d'une certaine manière, comme s'il ne voulait pas être dans le même sac. Il entendait encore l'adieu du gendarme et, sans savoir pourquoi, il se sentait étrangement vide et vulnérable. A ce moment, de l'autre côté de l'école, le prisonnier toussa. Daru l'écouta, presque malgré lui, puis, furieux, jeta un caillou qui siffla dans l'air avant de s'enfoncer dans la neige. Le crime imbécile de cet homme le révoltait, mais le livrer était contraire à l'honneur:

der Lehrer einen Schritt zurückwich. «Hab keine Angst. Ich bin's. Komm und iß.» Der Araber schüttelte den Kopf und sagte ja. Sein Gesicht war wieder ruhig, aber sein Ausdruck blieb abwesend und zerstreut.

Der Kaffee war fertig. Sie saßen nebeneinander auf dem Feldbett, tranken und bissen in ihre Fladen. Dann führte Daru den Araber in den Schuppen und zeigte ihm den Wasserhahn, unter dem er sich zu waschen pflegte. Er kehrte ins Zimmer zurück, faltete die Decken, klappte das Feldbett zusammen, machte sein eigenes Bett und räumte auf. Dann ging er durch das Schulzimmer auf den Vorplatz hinaus. Schon stieg die Sonne am blauen Himmel empor; ein weiches, helles Licht überflutete die öde Hochebene. Am Steilhang begann der Schnee stellenweise zu schmelzen. Bald würden die Steine wieder zum Vorschein kommen. Der Lehrer kauerte am Rand der Hochebene und betrachtete die wüste Weite. Er dachte an Balducci. Er hatte ihm weh getan, er hatte ihn gewissermaßen fortgeschickt, als wollte er nicht mit ihm im gleichen Boot sitzen. Das Lebewohl des Gendarmen klang ihm noch im Ohr, und ohne zu wissen warum, fühlte er sich merkwürdig leer und hilflos. In diesem Augenblick hustete der Gefangene auf der anderen Seite der Schule. Daru hörte beinahe wider Willen hin, dann warf er wütend einen Stein, der durch die Luft pfiff, ehe er sich in den Schnee bohrte. Das sinnlose Verbrechen dieses Mannes empörte ihn, aber ihn auszuliefern ging gegen die Ehre: der bloße Gedanke daran war eine Demütigung, die ihn

d'y penser seulement le rendait fou d'humiliation. Et il maudissait à la fois les siens qui lui envoyaient cet Arabe et celui-ci qui avait osé tuer et n'avait pas su s'enfuir. Daru se leva, tourna en rond sur le terre-plein, attendit, immobile, puis entra dans l'école.

L'Arabe, penché sur le sol cimenté de l'appentis, se lavait les dents avec deux doigts. Daru le regarda, puis: «Viens», dit-il. Il rentra dans la chambre, devant le prisonnier. Il enfila une veste de chasse sur son chandail et chaussa des souliers de marche. Il attendit debout que l'Arabe eût remis son chèche et ses sandales. Ils passèrent dans l'école et l'instituteur montra la sortie à son compagnon. «Va», dit-il. L'autre ne bougea pas. «Je viens», dit Daru.

L'Arabe sortit. Daru rentra dans la chambre et fit un paquet avec des biscottes, des dattes et du sucre. Dans la salle de classe, avant de sortir, il hésita une seconde devant son bureau, puis il franchit le seuil de l'école et boucla la porte. «C'est par là», dit-il. Il prit la direction de l'est, suivi par le prisonnier. Mais, à une faible distance de l'école, il lui sembla entendre un léger bruit derrière lui. Il revint sur ses pas, inspecta les alentours de la maison: il n'y avait personne. L'Arabe le regardait faire, sans paraître comprendre. «Allons», dit Daru.

rasend machte. Und er verfluchte zugleich die Seinen, die ihm diesen Mann geschickt hatten, und den Araber, der es gewagt hatte, zu töten, der es aber nicht verstanden hatte, zu fliehen. Daru erhob sich, ging unentschlossen auf dem freien Platz hin und her, verharrte unbeweglich und betrat dann die Schule.

Der Araber stand über den Zementboden des Schuppens gebeugt und putzte sich mit zwei Fingern die Zähne. Daru betrachtete ihn. «Komm», sagte er dann. Von dem Gefangenen gefolgt, betrat er sein Zimmer. Er zog eine Jagdjoppe über seinen Sweater und schlüpfte in seine Marschschuhe. Er wartete stehend, bis der Araber seinen Chèche wieder aufgesetzt und die Sandalen angezogen hatte. Sie gingen ins Schulzimmer hinüber, und der Lehrer wies auf die Tür. «Geh», sagte er. Der andere rührte sich nicht. «Ich komme», sagte Daru. Der Araber ging hinaus. Daru kehrte in sein Zimmer zurück, holte Zwieback, Datteln und Zucker und packte alles ein. Ehe er das Klassenzimmer verließ, stand er eine Sekunde zögernd vor seinem Schreibtisch, dann trat er über die Schwelle und schloß die Schule hinter sich ab. «Hier hinüber», sagte er. Er schlug die Richtung nach Osten ein, und der Gefangene folgte ihm. Aber als sie ein kleines Stückchen von der Schule entfernt waren, glaubte Daru, ein leises Geräusch in seinem Rücken zu hören. Er kehrte um und machte einen Rundgang um das Haus: es war niemand da. Der Araber sah ihm zu, offensichtlich ohne zu begreifen. «Gehen wir», sagte Daru.

Ils marchèrent une heure et se reposèrent auprès d'une sorte d'aiguille calcaire. La neige fondait de plus en plus vite, le soleil pompait aussitôt les flaques, nettoyait à toute allure le plateau qui, peu à peu, devenait sec et vibrait comme l'air lui-même. Quand ils reprirent la route, le sol résonnait sous leurs pas. De loin en loin, un oiseau fendait l'espace devant eux avec un cri joyeux. Daru buvait, à profondes aspirations, la lumière fraîche. Une sorte d'exaltation naissait en lui devant le grand espace familier, presque entièrement jaune maintenant, sous sa calotte de ciel bleu. Ils marchèrent encore une heure, en descendant vers le sud. Ils arrivèrent à une sorte d'éminence aplatie, faite de rochers friables. A partir de là, le plateau dévalait, à l'est, vers une plaine basse où l'on pouvait distinguer quelques arbres maigres et, au sud, vers des amas rocheux qui donnaient au paysage un aspect tourmenté.

Daru inspecta les deux directions. Il n'y avait que le ciel à l'horizon, pas un homme ne se montrait. Il se tourna vers l'Arabe, qui le regardait sans comprendre. Daru lui tendit un paquet: «Prends, dit-il. Ce sont des dattes, du pain, du sucre. Tu peux tenir deux jours. Voilà mille francs aussi.» L'Arabe prit le paquet et l'argent, mais il gardait ses mains pleines à hauteur de la poitrine, comme s'il ne savait que faire de ce qu'on

Sie marschierten eine Stunde und machten dann neben einer Felsnadel aus Kalkstein halt. Der Schnee schmolz immer rascher, die Sonne sog die Lachen sogleich auf und säuberte mit unglaublicher Geschwindigkeit die ganze Hochebene, die nach und nach trocknete und wie die Luft zu vibrieren begann. Als sie sich wieder auf den Weg machten, hallte der Boden unter ihren Schritten. Von Zeit zu Zeit schwang sich ein Vogel mit lebensfrohem Schrei vor ihnen durch den Raum. Tiefatmend sog Daru das frische Licht in sich ein. Eine Art Berauschtheit stieg in ihm auf angesichts der gewaltigen, vertrauten Weite, die jetzt unter ihrer Haube blauen Himmels beinahe überall gelb gefärbt war. Sie marschierten wieder eine Stunde in südlicher Richtung und gelangten auf eine abgeflachte Anhöhe aus bröckeligem Fels. Von hier an senkte sich das Hochplateau gegen Osten in eine Tiefebene, in der man ein paar dürftige Bäume erkennen konnte, und südwärts einem Gewirr von Felsen entgegen, das der Landschaft ein zerrissenes Aussehen verlieh.

Daru blickte forschend in beide Richtungen. Man sah nur Himmel bis zum Horizont, kein menschliches Wesen zeigte sich. Er kehrte sich dem Araber zu, der ihn verständnislos anschaute. Daru streckte ihm ein Päckchen hin. «Nimm», sagte er. «Es sind Datteln, Brot und Zucker drin. Damit kannst du zwei Tage durchhalten. Und da hast du tausend Francs.» Der Araber nahm das Päckchen und das Geld, aber er hielt seine vollen Hände auf Brusthöhe, als wisse er nicht, was er mit diesen Gaben anfan-

lui donnait. «Regarde maintenant, dit l'instituteur, et il lui montrait la direction de l'est, voilà la route de Tinguit. Tu as deux heures de marche. A Tinguit, il y a l'administration et la police. Ils t'attendent.» L'Arabe regardait vers l'est, retenant toujours contre lui le paquet et l'argent. Daru lui prit le bras et lui fit faire, sans douceur, un quart de tour vers le sud. Au pied de la hauteur où ils se trouvaient, on devinait un chemin à peine dessiné. «Ça, c'est la piste qui traverse le plateau. A un jour de marche d'ici, tu trouveras les pâturages et les premiers nomades. Ils t'accueilleront et t'abriteront, selon leur loi.» L'Arabe s'était retourné maintenant vers Daru et une sorte de panique se levait sur son visage: «Écoute», dit-il. Daru secoua la tête: «Non, tais-toi. Maintenant, je te laisse.» Il lui tourna le dos, fit deux grands pas dans la direction de l'école, regarda d'un air indécis l'Arabe immobile et repartit. Pendant quelques minutes, il n'entendit plus que son propre pas, sonore sur la terre froide, et il ne détourna pas la tête. Au bout d'un moment, pourtant, il se retourna. L'Arabe était toujours là, au bord de la colline, les bras pendants maintenant, et il regardait l'instituteur. Daru sentit sa gorge se nouer. Mais il jura d'impatience, fit un grand signe, et repartit.
90 Il était déjà loin quand il s'arrêta de nouveau et
91 regarda. Il n'y avait plus personne sur la colline.

gen soll. «Jetzt paß auf», sagte der Lehrer und zeigte nach Osten, «das ist der Weg nach Tinguit. Du hast zwei Stunden zu gehen. In Tinguit befinden sich die Behörden und die Polizei. Sie erwarten dich.» Der Araber blickte nach Osten, er hielt Lebensmittel und Geld noch immer an sich gedrückt. Daru faßte ihn am Arm und zwang ihn unsanft zu einer Vierteldrehung nach Süden. Am Fuß der Anhöhe, auf der sie standen, konnte man einen kaum erkennbaren Weg ahnen. «Das ist die Piste, die über die Hochebene führt. In einem Tagesmarsch kommst du zu den Weiden und den ersten Nomaden. Sie werden dich aufnehmen und beschützen, wie ihr Gesetz es verlangt.» Der Araber hatte sich jetzt Daru zugewandt, und so etwas wie panische Angst erfüllte sein Gesicht. «Hör zu», sagte er. Daru schüttelte den Kopf. «Nein, schweig. Ich gehe jetzt.» Er kehrte ihm den Rücken und machte zwei große Schritte in Richtung auf die Schule, schaute den unbeweglich dastehenden Araber noch einmal mit unentschlossener Miene an und ging dann weiter. Ein paar Minuten lang hörte er nur seine eigenen Schritte, die hart auf der kalten Erde aufklangen, und wandte den Kopf nicht um. Nach einem Weilchen blickte er indessen zurück. Der Araber stand immer noch am Rand des Hügels, mit hängenden Armen jetzt, und schaute dem Lehrer nach. Daru spürte, wie seine Kehle sich zusammenschnürte. Aber er fluchte vor Ungeduld, winkte noch einmal und schritt weiter. Er war schon ein gutes Stück entfernt, als er wieder stehenblieb und zurückblickte. Der Hügel war leer.

Daru hésita. Le soleil était maintenant assez haut dans le ciel et commençait de lui dévorer le front. L'instituteur revint sur ses pas, d'abord un peu incertain, puis avec décision. Quand il parvint à la petite colline, il ruisselait de sueur. Il la gravit à toute allure et s'arrêta, essoufflé, sur le sommet. Les champs de roche, au sud, se dessinaient nettement sur le ciel bleu, mais sur la plaine, à l'est, une buée de chaleur montait déjà. Et dans cette brume légère, Daru, le cœur serré, découvrit l'Arabe qui cheminait lentement sur la route de la prison.

Un peu plus tard, planté devant la fenêtre de la salle de classe, l'instituteur regardait sans la voir la jeune lumière bondir des hauteurs du ciel sur toute la surface du plateau. Derrière lui, sur le tableau noir, entre les méandres des fleuves français s'étalait, tracée à la craie par une main malhabile, l'inscription qu'il venait de lire: «Tu as livré notre frère. Tu paieras.» Daru regardait le ciel, le plateau et, au-delà, les terres invisibles qui s'étendaient jusqu'à la mer. Dans ce vaste pays qu'il avait tant aimé, il était seul.

Daru zögerte. Die Sonne stand jetzt ziemlich hoch und begann ihm auf der Stirn zu brennen. Der Lehrer kehrte um, erst unschlüssig, dann voll Entschiedenheit. Als er die kleine Anhöhe erreichte, war er in Schweiß gebadet. Er hastete hinauf und blieb atemlos oben stehen. Die Felsenfelder im Süden zeichneten sich deutlich am blauen Himmel ab, aber über der Ebene im Osten erhoben sich bereits die Dunstschleier der Hitze. Und in diesem leichten Dunst entdeckte Daru mit beklommenem Herzen den Araber, der langsam dahinschritt auf dem Weg zum Gefängnis.

Ein wenig später stand der Lehrer am Fenster seines Klassenzimmers und schaute blicklos in das junge Licht hinaus, das sich stürmisch von der Höhe des Himmels über die ganze Weite des Hochplateaus ergoß. Hinter ihm auf der Wandtafel standen zwischen den Windungen der Ströme Frankreichs die von ungelenker Hand mit Kreide geschriebenen Worte, die er eben gelesen hatte: ‹Du hast unseren Bruder ausgeliefert. Das wirst du büßen.› Daru sah den Himmel, die Hochebene, und was sich unsichtbar dahinter bis zum Meer erstreckte. In diesem weiten Land, das er so sehr geliebt hatte, war er allein.

Albert Camus wurde am 7.11.1913 in Mondovi/Algerien geboren und starb bei einem Autounfall am 4. 1. 1960. Er stammte aus einer Arbeiterfamilie und verbrachte seine Kindheit in großer Armut. Er studierte dann Philosophie und versuchte sich nach der Promotion als Schauspieler und Bühnenautor. Während des 2. Weltkrieges gehörte er der Résistance an und wurde Mitbegründer der Untergrundzeitung «Combat». 1957 bekam er den Nobelpreis für Literatur.

Camus wird vielfach neben Sartre als der zweite große Vertreter des Existentialismus bezeichnet, während seinen Werken eher eine Philosophie des Absurden zu Grunde zu liegen scheint. Diese Philosophie berührt sich in ihrer Methode mit dem verstandesscharfen, klar formulierten französischen Rationalismus, weicht jedoch in der Thematik von diesem beträchtlich ab. Das menschliche Dasein betrachtet sie als teleologisch sinnlos und glaubt deswegen nicht an Lösungen, die in metaphysischen oder ideologischen Bindungen liegen. Camus lehrt freilich nicht Nihilismus oder Fatalismus, sondern verlangt engagiert eine Gesellschaft, die das natürliche, unmittelbare und einfache Glücksverlangen des Menschen respektiert.